www.ingramcontent.com/pod-product-compliance
Lightning Source LLC
LaVergne TN
LVHW050824051026
849532LV00008B/3096
9789369084487

اسلم فرشوری :
دکن کی ممتاز شخصیت

(مضامین)

مرتبہ:
ڈاکٹر محامد ہلال اعظمی

Aslam Farshori : Deccan ki mumtaz Shakhsiat
by: Dr Muhamid Hilal Azmi
Edition: July '2025
Publisher :
Taemeer Publications LLC (Michigan, USA / Hyderabad, India)

ISBN 978-93-6908-448-7

کتاب	:	**اسلم فرشوری : دکن کی ممتاز شخصیت**
مرتب	:	**ڈاکٹر محامد ہلال اعظمی**
صنف	:	تحقیق و تنقید
ناشر	:	تعمیر پبلی کیشنز (حیدرآباد، انڈیا)
سالِ اشاعت	:	۲۰۲۵ء
صفحات	:	۴۶
سرورق ڈیزائن	:	تعمیر ویب ڈیزائن

فہرست مضامین

پسِ مرگ زندہ

راقم الحروف یونیورسٹی آف حیدرآباد میں تحقیق کے مرحلے میں تھا، اسی اثنا میں علم وادب کی وجہ سے پروفیسر انور معظم مرحوم سابق صدر شعبۂ اسلامیہ اسٹڈیز جامعہ عثمانیہ اوران کی اہلیہ معروف ادیبہ پدم شری ایوارڈ یافتہ جیلانی بانو سے ان کی رہائش، بنجارہ ہلز میں ملاقات ہوئی، اس علم وادب کے جوڑے سے مل کر یہ احساس ہوا کہ ہم علم وادب کے گھنے شجر کے سایہ میں اس کی خوشبو سونگھ رہے ہیں۔ پروفیسر انور معظم مرحوم کو قرآن وحدیث اور دیگر علوم پر گہری واقفیت تھی، ان کی تصانیف اور مضامین سے اندازہ لگایا جاسکتا ہے۔

پروفیسر انور معظم مرحوم نے ادارہ شبلی انٹرنیشنل ایجوکیشنل ٹرسٹ اور ماہنامہ صدائے شبلی حیدرآباد کی تعمیر وترقی کے لیے زرّیں مشورہ دیئے اور ادارہ کے کارکنان کی حوصلہ افزائی کی۔ اللہ تعالیٰ ان کو بہترین بدلہ دے اور جنت الفردوس عطا فرمائے، آمین یارب العالمین۔

پروفیسر انور معظم اور ڈاکٹر مختار احمد فردین ہی کے توسط سے یہ معلوم ہوا کہ معروف ومشہور ناظم مشاعرہ جناب اسلم فرشوری کی قرابت پروفیسر انور معظم سے ہے اور یہیں پر علامہ حیرت بدایونی، احمد جلیس مرحوم اور دیگر کے بارے میں معلومات ہوئی، بدایوں اتر پردیش قدیم زمانے ہی سے علم وفن، صلحاء، شہداء، علماء، ادباء اور صوفیوں کا مرکز اور مدفن رہا ہے، اس کے نشان آج بھی بدایوں میں جگہ جگہ موجود ہیں۔ مصحفی کا شعر ہے۔

قاتل تیری گلی بھی بدایوں سے کم نہیں
ہر گھر میں جس کے ایک مزار شہید ہے

محترمہ شبیہ فرشوری زوجہ محترم اسلم فرشوری مرحوم اپنی کتاب کارجہاں دراز ہے، اس میں لکھتی ہیں:

> بدایوں کے ہر گھر میں ایک شاعر ضرور موجود ہے۔ علمی وادبی گھرانے ہونے کی وجہ سے بڑے بڑے شاعر وادیب وہاں پیدا ہوئے، جن میں فانی بدایوں، شکیل بدایونی، آل احمد سرور، دلاور فگار، بیکس بدایونی، محشر بدایونی اور جیلانی بانو کی پیدائش بھی بدایوں سے ہے جو میری پھوپھی کی بیٹی ہیں۔ (ص:۹۸)

مزید برآں لکھتی ہیں:

> فرشوریوں کا تعلق بدایوں ہی سے ہے، اور ہمارا سلسلہ حضرت ابوبکر صدیقؓ سے جا کر ملتا ہے۔ (ص:۹۹)

اسلم فرشوری کی پیدائش 8 / جولائی 1949ء کو ہوئی، والد محترم کا نام الیاس حسین فرشوری اور والدہ ماجدہ کا نام نیاز بتول تھا۔ اسلم فرشوری کا تعلیمی مرحلہ داخلی اور خارجی اعتبار سے متنوع رہا، وہ انوار العلوم کالج میں طلبہ یونین کے صدر بھی رہے اور کالج کی میگزین کے ایڈیٹر بھی رہے، تلنگانہ تحریک سے وابستہ بھی رہے اور ان کے نام گرفتاری کا وارنٹ بھی جاری ہوا، وہ آل انڈیا ریڈیو حیدرآباد کے اہم عہدہ پر رہے، ای۔ٹی وی اردو سے بھی جڑے رہے، ملک اور بیرون ملک میں شاعر اور ناظم مشاعرہ سے انہوں نے اپنی منفرد شناخت بنائی تھی، پروفیسر انور معظم صاحب نے اسلم فرشوری کی نعتیہ شاعری کے تعلق سے چند لفظوں میں بڑی عمدہ بات کہی ہے۔ کہ "رسول اکرم ﷺ کے ساتھ ان کی جذباتی وابستگی اُن کے ہر شعر سے صاف جھلکتی ہے۔

اشعار میں شامل ہے جو سرکار کی خوشبو
تا حشر رہے گی مرے اشعار کی خوشبو

راقم الحروف سے اسلم فرشوری مرحوم کا خاص تعلق تھا، انہوں نے ماہنامہ صدائے شبلی حیدرآباد اور ٹرسٹ کے لیے زرّیں مشورہ دیئے، خاص طور پر ایک مرتبہ انہوں نے کہا کہ محامد صاحب آپ اپنا کام کرتے جائیے، آپ بڑا کام کر رہے ہیں، اس دور میں بغیر سرکاری مدد کے آپ اردو زبان وادب کی بڑی خدمت کر رہے ہیں۔ نومبر 2018ء میں شبلی انٹرنیشنل ایجوکیشنل ٹرسٹ کے زیر انتظام ہفت لسانی سیمینار رسول اکرم ﷺ کی ذات رسول دوروزہ عالمی۔ بعنوان: نثری زبان وادب وصفات رسول ﷺ میں محترم اسلم فرشوری صاحب بحیثیت مہمان خصوصی شرکت کی۔ ٹرسٹ نے ان کی ادبی وشعری خدمات پر تہنیت پیش کی۔ مسکراتے ہوئے فرمایا کہ آپ کا پروگرام معیاری، معنی خیز رہا۔

ادارہ اسلم فرشوری مرحوم کی ادبی وشعری سماجی خدمات پر خراج عقیدت پیش کرتا ہے، دعا گو ہے کہ اللہ تعالیٰ ان کی مغفرت اور جنت الفردوس عطا فرمائے آمین۔ پسماندگان کو صبر جمیل دے آمین۔

مت سہل جانو پھرتا ہے فلک برسوں
تب خاک کے پردے سے انسان نکلتے ہیں

محمد محامد ہلال اعظمی

اسلم فرشوری

حمد باریٔ تعالیٰ

محفوظ رہے میرا گھرانہ مرے اللہ
آفت سے بلاؤں سے بچانا مرے اللہ

فردوس تو مانگے ہے زمانہ مرے اللہ
طیبہ میں ملے مجھ کو ٹھکانہ مرے اللہ

قسمت سے ہو کعبے میں جو جانا مرے اللہ
مل جائے مجھے حج کا زمانہ مرے اللہ

لکھ دے مری قسمت میں ہو دیدارِ محمدؐ
عاشق ہوں ازل سے میں پرانا مرے اللہ

میں نعت کا شاعر ہوں تمنا ہے یہ میری
سرکارؐ کہیں اپنا دیوانہ مرے اللہ

سر میرا جھکے صرف عبادت ہی میں تیری
مقبول ہو سر میرا جھکانا مرے اللہ

دامن کو میرے بھر دیا ہر چیز دی مجھ کو
گھر میرا ہے خوشیوں کا گھرانہ مرے اللہ

بس اتنا کرم کر مرے مولا مجھے اکثر
طیبہ میں ملے بارہا جانا مرے اللہ

امی مری، باپو مرے، عارف ہیں ترے پاس
دے اُن کو تو جنت میں ٹھکانہ مرے اللہ

سب جانتا ہے تجھ کو پتہ ہے مری خواہش
کلمہ پڑھوں تو جگ سے اٹھانا مرے اللہ

قرآں کو جو ہم بھولے ہیں اس واسطے شاید
ہم پر ہے زمانے کا نشانہ مرے اللہ

دکھ درد والم، رنج وستم، ظلم وظالم
منظر سے یہ منظر تو ہٹانا مرے اللہ

ہے تیرا کرم تیرا دیا کھاتا ہے اسلم
اُس کو کبھی بھوکا نہ سُلانا مرے اللہ

پروفیسر محمد عبد الحمید اکبر ۔صدر شعبۂ اُردو گلبرگہ یونیورسٹی، گلبرگہ شریف

اسلم فرشوری کا نعتیہ کلام: ایک مطالعہ

اکیسویں صدی کے آغاز ہی سے یہ بات روشن ہوگئی ہے کہ ادبی طور پر یہ صدی نعت کی صدی ہوگی۔ اور آج یہ بات پورے وثوق و یقین کے ساتھ کہی جاسکتی ہے کہ نعت ہر صنفِ سخن میں موجود ہے اور خود ایک مستقل صنف بن گئی ہے۔ غالباً یہی وجہ ہے کہ موزوں طبع ہر شخص نعت کہنے کی کوشش کرتا ہے، مگر جو شاعر تقدیسی شاعری (یعنی حمد و نعت) ہی کو اپنا حوالہ بنالے وہ فیضان رسالت مآب سے اکتساب کرنے کے ساتھ ساتھ خالصتاً آمد ہی آمد کی کیفیت سے متصف ہوتا ہے، اُسے تقلیدِ محض کافی نہیں بلکہ اُسے اوصافِ حمیدہ کے علاوہ وارداتِ قلبی کی بھی ضرورت ہوتی ہے۔

عربی، فارسی اور اُردو میں بیشتر سرمایۂ نعت موجود ہے، ان سب کے یہاں، دربار رسالت مآب ﷺ کا بے حد ادب و احترام ملتا ہے۔ بلبلِ شیراز حضرت شیخ سعدیؒ کے بقول:۔

ہزار بار بشویم دہن زمشک وگلاب
ہنوز نامِ تو گفتن کمالِ بے ادب ست

مرزا غالب نے بھی کہا تھا کہ:

غالب ثنائے خواجہ بہ یزداں گزاشتیم
کاں ذات پاک مرتبہ دانِ محمد ﷺ است

رومیٔ دوراں علامہ اقبال بھی عظمت و رفعت رسول اکرم ﷺ میں کچھ اس طرح نغمہ سنج ہیں کہ:

دردلِ مسلم مقامِ مصطفیٰ است
آبروئے ماز نامِ مصطفیٰ است

امامِ نعت گویاں حضرت رضا بریلوی عرض گزار ہیں:

اللہ کی سرتا بہ قدم شان ہیں یہ
ان سا نہیں انسان وہ انسان ہیں یہ
قرآن تو ایمان بتاتا ہے انہیں
ایمان یہ کہتا ہے میری جان ہیں یہ

اسلم فرشوری کا یہ نعتیہ کلام ایک گلدستۂ عقیدت ہے اور کائنات کا ذرہ ذرہ اس عقیدت کی معنوی اور پاکزیہ خوشبو سے معطر و منور ہے۔ غالباً ان کا یہ پہلا نعتیہ مجموعہ ہے۔ اسلم فرشوری صاحب سے ہماری ملاقات کوئی بیس سال پہلے علامہ محب کوثر صاحب کے توسط سے گلبرگہ ہی میں ہوئی تھی۔ ویسے اسلم صاحب کی نظامت و نقابت کے چرچے ملک و بیرون ملک تک ہیں۔ مشاعروں کی نظامت میں انہیں کمال حاصل ہے۔ جہاں تک فن نظامت کا سوال ہے، یہ فن حد درجہ عرق ریزی اور محنتِ شاقہ کا متقاضی ہے۔ جو دراصل ناظم مشاعرہ کے اپنے گفتار و کردار کی شفافیت زبان و بیان شیرینی سے اہل محفل کے دلوں کو جیتنے کا فن ہے۔ ناظم اجلاس جہاں عوام اور شعراء کے درمیان ایک اہم کڑی کی حیثیت رکھتا ہے وہیں شعرائے کرام اور عوام کے درمیان ایک پُل کا بھی کام کرتا ہے۔ کیونکہ اسٹیج پر ہم پہلے، آپ پہلے جیسی صدائیں بلند ہوتی رہتی ہیں۔ ایسے میں سنبھلنا سنبھالنا ہی ایک نقیب یا ناظمِ اجلاس کا کمال ہوتا ہے۔ اس لئے کہ بے قراری و بے چینی کی یہ منزل بڑی صبر آزما اور ناظم مشاعرہ کی

فکر وفن شعور وسنجیدگی کا امتحان لیتی ہے جسے اچھا اور کامیاب نقیب مسکرا مسکرا کر نہایت خوبصورتی سے مشاعرہ کو کامیاب بنا دیتا ہے۔ کبھی کبھی تو ایسا بھی ہوتا ہے کہ مائیک سے لائٹ تک کا سیٹ کرانا بھی ناظم کی ذمہ داری میں شامل ہوجاتا ہے۔ ان سب کے ساتھ ساتھ شاعر کو دعوت کلام دینے کے لئے ان کے حسبِ حال اشعار پیش کرنے پڑتے ہیں جن کی پیش کش میں سلاست وروانی کے ساتھ زبان وبیان میں شبنمیت اور جاذبیت بھی ہوتی ہے۔ مذکورہ تمام صفات کے حامل جناب اسلم فرشوری نعتیہ مشاعروں کی بھی کامیاب نظامت کرتے آرہے ہیں۔ موصوف آل انڈیا ریڈیو، دور درشن۔ ای۔ ٹی۔ وی اُردو حیدرآباد میں بھی اپنی خدمات انجام دیتے رہے ہیں۔

مجھے یاد ہے کہ آں محترم نے دو مرتبہ عالمی سطح پر حسنِ قرأت کے مظاہرے سرزمین حیدرآباد دکن میں منعقد کروائے تھے اور مجھ بے بضاعت کو بھی اس مقدس مظاہرے میں عملی طور پر شریک رہنے کا اعزاز بخشا تھا۔ بہر کیف اسلم صاحب کی ہمہ پہلو شخصیت اپنے مختلف اور متنوع اوصاف کے باوصف نعتیہ کلام کہنے کی طرف متوجہ ہوئے۔ ظاہر ہے اس کام میں جہاں ان کی بے پناہ عقیدت اور کیفیت عشقِ رسول کی کارفرمائی ہے وہیں نعتیہ مشاعروں میں فن نظامت وشعرائے کرام کے نعتیہ کلام کی حسنِ سماعت، عاشقانِ مصطفیٰ ﷺ کی صحبت فیض درجت پھر محبؔ کوثر جیسے شاعر کہنہ مشق کی محبت ورأفت بھی شامل ہے۔

اسلم فرشوری کے یہاں نعت میں موضوعات کا تنوع ملتا ہے جو ان کے احساسات اور جذباتِ عقیدت کا سچا اظہار معلوم ہوتے ہیں۔ مثلاً، درود، سایۂ نبی، صحابۂ کرام اور اہل بیت اطہار، نور، میلاد النبی، معجزات، معراج، خوشبو، صبر ورضا، جنت، جمالِ نبی وغیرہ جیسے اور کئی موضوعات ان کے نعتیہ کلام میں ملتے ہیں، چند شعر ملاحظہ ہوں:

پڑھکر جو میں سوتا ہوں درودوں کا وظیفہ
آقا جو نظر خواب میں آئیں تو عجب کیا

آپ کا سایہ نہ تھا لیکن یہ عالم دیکھیے
سارا عالم ہے ازل سے زیر سایہ آپ کا

سوئے صدیق وعمر جانب عثمان وعلی
ان کے ہر دوست پہ ہر خاصۂ داور پہ درود

نور سرکارؐ کی آنکھوں کا حسنؓ اور حسینؓ
نور ہے حُسن ہے شبیرؓ پہ شبرؓ پہ دَرود

کس واسطے حضور کا سایہ نہ پڑ سکا
اس واسطے کہ نور کا پیکر حضور ہیں

جشنِ میلاد جب منائیں گے
میرے آقاؐ ضرور آئیں گے

جب بھی بارہ ربیع الاول ہو
کیجئے سب پھر حضور کی باتیں

ہر نبی نے کہا شب میں معراج کی
تم جہاں ہو وہاں ہم کہاں مصطفیٰ

اللہ کے شاہکار کے اذکار کی خوشبو
قرآن میں ہے احمدِ مختار کی خوشبو

حُسنِ کونین کا لگتا ہے اُتارا اُن کا
جب تصور میں شہ دیں کا جمال آتا ہے

محاورے، شعر وادب میں زبان وبیان کا لطف دے جاتے ہیں۔ محاورہ کے لغوی معنٰی تو گفتگو کرنا یا ہم کلام ہونے کے ہیں۔ لیکن اہلِ زبان کی اصطلاح میں دو یا دو سے زائد

الفاظ کے اُس مجموعے کو"محاورہ" کہتے ہیں جو کسی مصدر سے مل کر بنا ہو لغوی یا حقیقی معنیٰ کے بجائے کسی دوسرے مجازی یا غیر حقیقی معنی میں استعمال ہوا ہو۔ دیگر شعراء کی طرح اسلم فرشوری نے بھی اپنے نعتیہ کلام میں محاوروں کا خوبصورت استعمال کیا ہے۔ مثالیں دیکھیے:

(۱) منہ سے پھول جھڑنا:

لکھنا ہے شعر نعتِ رسالت مآب کے
اب میرے منہ سے پھول جھڑیں گے گلاب کے

(۲) دل اُچھلنا:

دل اُچھل پڑتا ہے آنکھوں میں چمک آتی ہے
جیسے ہی روضے کے مینار نظر آتے ہیں

(۳) آنکھیں بچھانا:

وہ اگر آئیں تو رستے میں بچھا دوں آنکھیں
دیکھتی رہتی ہیں آنکھیں مری رستہ اُن کا

(۴)

آنکھوں میں بسانا:

سرکار کی جالی پہ نگاہوں کو جما کر
آنکھوں میں بساؤں میں دیار کی خوشبو

(۵)

غم آپ کا ملا ہے مقدر کی بات ہے
ہر غم اٹھا رہے ہیں یہاں مسکرا کے ہم

دربار رسالت میں دوبارہ حاضری کی تمنا ہر عاشقِ رسول کو ہوتی ہے۔ نبی پاک کے دیار کی تڑپ ہر مومن کے دل میں ہوتی ہے۔ انہی جذبات واحساسات کو اسلم فرشوری کی نعتیہ شاعری میں یقینی طور پر نہایت سادگی کے ساتھ سیرت کے روشن پہلو بیان کر دئے گئے ہیں جو دل کو چھو لیتے ہیں۔ کلام میں جدید سوچ اور بہتر تلازمات بھی ملتے ہیں جو انہیں عہدِ حاضر کے شاعر ہونے کی شہادت دیتے ہیں۔ شعر ملاحظہ ہوں:

آپ نے طیبہ بلایا تھا بہت عرصہ ہوا
مُنتظر ہوں کب ملے گا پھر بلاوا آپ کا

ہے یہ ہر مومن کی خواہش اور نبیوں کی بھی تھی
کاش مل جائے جو پل بھر کو نظارہ آپ کا

سرکار کی جالی پہ نگاہوں کو جما کر
آنکھوں میں بساؤں گا میں دیدار کی خوشبو

سرکار نظر آئیں تو ہے موت بھی منظور
اسلم کو بھی مل جائے گی دیدار کی خوشبو

خواب ہی میں اگر مرے سرکارؐ
آپ کے رُخ کی دید ہوجائے

میں گنبدِ خضریٰ کے نظاروں میں نہاؤں
مالک، تو مرا گھر بھی مدینے میں بنادے

مذہب امن واماں کا ہے جو بانی وہ رسولؐ
بے کسوں کی جس نے کی ہے پاسبانی وہ رسول

یہ کیسا دَور ہے سرکار بلغیؐ
کہ باطل کرتا ہے حق پر دھماکے

شاعری میں صنائع بدائع کا استعمال بھی شعری حسن کو بڑھاتا ہے۔ اسلم فرشوری کے نعتیہ سرمائے میں صنائع لفظی اور صنائع معنوی مثلاً: صنائع لفظی میں صنعت تلمیح، صعتِ تضاد، رعایت لفظی وغیرہ کے اشعار دیکھے جاسکتے ہیں:

صنعتِ تجنیس: صنائع لفظی میں سب زیادہ اہمیت "صنعتِ تجنیس" کو حاصل ہے۔ یعنی کلام میں ایسے دو لفظ لانا جو تعداد، نقاط اور اعراب میں تو یکساں ہوں لیکن معنیٰ میں فرق ہو، تجنیس کی مختلف صورتیں ہیں۔ شاعر اگر ارادے کے

ساتھ اس کا اہتمام کرے تو کلام کی دوسری خوبیاں متاثر ہوجاتی ہیں۔ شعرائے کرام نے زورِ فکر سے اس کی کئی ایک صورتیں پیدا کی ہیں لیکن تجنیس کی کوئی سی قسم ہو اس کا لطف تو جب ہے کہ شعر کی آمد آمد ہو آورد نہیں۔ تجنیس کی اقسام میں تجنیسِ تام سب سے زیادہ پسند کی جاتی ہے اور اس کو شاعر کی قادر الکلامی کی دلیل سمجھا جاتا ہے۔ تجنیس تام کی مثالیں اسلم فرشوری کے یہاں دیکھیے:

یوں تو خالق نے دیا ہر مہینے کو شرف
جس میں وہ پیدا ہوئے تھے وہ مہینہ اور ہے

مصرع اول میں مہینہ سال کے بارہ مہینوں میں کا ہر مہینہ مُراد ہے جبکہ دوسرے مصرعے میں مہینہ سے مُراد صرف ماہ میلاد النبی ﷺ ہے۔

آپ کا سایہ نہ تھا لیکن یہ عالم دیکھیے
سارا عالم ہے ازل سے زیرِ سایہ آپ کا

پہلے مصرع میں لفظ ''عالم'' حال اور کیفیت کے معنٰی میں استعمال ہوا ہے اور دوسرے مصرعے میں ''عالم'' کا لفظ کائنات کے مفہوم میں استعمال ہوا ہے۔

بیمار اگر پہنچے اک بار مدینے میں
بیمار نہیں رہتا بیمار مدینے میں

مذکورہ بالا شعر میں لفظ ''بیمار'' تین مرتبہ تینوں الگ الگ معنٰی میں استعمال کیا گیا ہے۔ پہلا عام معنوں میں بیمار کا لفظ استعمال ہوا جس کا علاج ضروری ہے۔ دوسرا لفظ بیمار نہیں رہتا یعنی صحت مند کے معنٰی میں اور تیسری بار لفظ بیمار، بیمار عشقِ نبی یعنی عاشقِ رسول کے معنٰی میں استعمال ہوا ہے۔

گھر میں کوچے میں شہر میں آپ کی میلاد سے
روشنی ہے روشنی ، ہے روشنی یا مصطفٰی

اس شعر میں بھی روشنی (۱) سے مُراد گھر میں روشنی، روشنی (۲) سے کوچے کی روشنی اور روشنی (۳) سے شہر کی روشنی مراد ہیں۔ پھر لطف یہ کہ اس شعر میں لفظ ونشر مرتب جیسی صنعتِ معنوی بھی آگئی کہ پہلے مصرع میں گھر، کوچے، شہر اور آپ ﷺ کی میلاد کی ترتیب سے دوسرے مصرعے میں روشنی ہے روشنی، ہے روشنی یا مصطفٰی کے الفاظ آگئے۔

صنعتِ اشتقاق سے مراد صوتی مادوں میں تبدیلی یا کمی بیشی سے معنوی ہم آہنگی رکھنے والے نئے الفاظ کی تشکیل دینا مثلاً مصدر ''کھیلنا'' سے کھیل، کھلاڑی اور کھلواڑ، اسم، دست سے دستہ اور دستی، صفت ''گرم'' سے گرمی، گرما اور گرمانا وغیرہ الفاظ کا اشتقاق کیا جاسکتا ہے۔ مختصراً یہ کہ کلام میں ایک اصل کے ہم معنٰی الفاظ نظر کرنا۔ چنانچہ اسلم فرشوری کو بھی اس کا شعور کس حد تک ہے، ان کے اشعار سے اندازہ قائم ہوجاتا ہے:

یہی سب کچھ ہے کہ ہوجائیں پیمبر کے قریب
تا کہ اس قرب سے ہوں خالقِ اکبر کے قریب

خیالِ آخرت سے نعت کے اشعار لکھ رکھوں
مسافر کے لئے تو شرط ہے زادِ سفر ہونا

سرِ اقدس سے ملا تاجِ شفاعت کو شرف
روز تا حشر سرِ شافعِ محشر پہ درود

چاند سورج ہم سے جل کر اور روشن ہوگئے
روشنی ہم کو ملی جب نور کی سرکار سے

صنائع معنوی جن کا بظاہر معنویت پر انحصار ہوتا ہے لیکن الفاظ کے بغیر معنوی صنعت کا وجود ممکن نہیں ہوتا۔ مثلاً صنعت تضاد، تلمیح، لف ونشر، رعایت لفظی وغیرہ معروف صنائع معنوی ہیں ہمارے نعت گو شاعر، اسلم فرشوری کے کلام

میں صنائع معنوی کی مثالیں ملاحظہ ہوں:

صنعتِ تضاد: ایسے دو الفاظ کا استعمال جو معنٰی کے لحاظ سے متضاد و مخالف ہوں، ذیل میں چند اشعار دیکھیے:

یہ اندھیرے پاس مرے آنہیں سکتے کبھی
میرے دِل میں ہے ازل سے جو اُجالا آپ کا

ذکرِ پاک رسول لازم ہے
پاس کی ہوں کہ دُور کی باتیں

عُقبیٰ سنوار لیتے ہیں رحمت کو پاکے ہم
دُنیا کو بھول جاتے ہیں طیبہ کو جاکے ہم

آپ ہی کا نام ہو لب پر مرے شام وسحر
یا محمد بس مجھے اتنی سی فرصت چاہیے

صنعتِ تلمیح: کلام میں کسی مشہور واقعہ یا کسی مذہبی روایت کی طرف اشارہ کرنے کو ''تلمیح'' کہتے ہیں۔ تلمیح کے الفاظ بظاہر مختصر ہوتے ہیں لیکن اس کے پیچھے وہ پورا قصہ ہوتا ہے، جس کی طرف شاعر اشارہ کرتا ہے۔ اس پورے قصے کو جانے بغیر نہ تو شعر کا مطلب بخوبی سمجھ میں آسکتا ہے اور نہ ہی شعر میں لائی گئی صنعت تلمیح کا پورا پورا لطف اٹھایا جاسکتا ہے۔ تلمیحی اشعار بطور مثال پیش کئے جاتے ہیں:

نہ شاہی مسند وکم خواب پر وہ نیند آئے گی
علی سے پوچھ لو کیسا تھا وہ بستر محمد کا

ذکرِ معراج پہلے لازم ہے
پھر کرو کوہِ طور کی باتیں

دو ٹکڑے چاند ہوگیا، سورج پلٹ گیا
انگلی اک اشارے میں سارا نظام ہے

جب آئے عمر تو ارادہ الگ تھا
جو لوٹے تھے قرآں کی آیت سے روشن

رعایتِ لفظی: شعر میں ایک لفظ کی معنوی یا صوتی مناسبت سے دوسرا لفظ یا الفاظ نظم کرنا۔ متقدمین اس طرز کے شائق تھے لیکن بیدل، ناسخ، غالب، اقبال، انیس و دبیر سے اب تک جدید شعراء بھی اس کے رسیا نظر آتے ہیں۔ اسلم فرشوری کی شعری کائنات بھی اس خوبی سے خالی نہیں۔ چنانچہ اشعار دیکھیے کہ ان کے یہاں بھی رعایت لفظی کا کس طرح اہتمام ملتا ہے:

آسماں چاند ستارے ہوں کہ سورج سب کو
نورِ حق بانٹتے سرکار نظر آتے ہیں

زلفِ سرکار سے مہکی ہے فضائے کونین
شاہ کونین کے ہر موئے معنبر پہ درود

اُس میں ہے بوئے حجاز اُس میں حقیقت کی مہک
عطرِ گل کچھ اور ہے شہ کا پسینہ اور ہے

اپنی آنکھوں میں جسم وجاں دل میں
شاہِ بطحیٰ کا نور رکھتا ہوں

صنائع وبدائع کے علاوہ اسلم فرشوری کا نعتیہ کلام، تشبیہات، استعارات، محاورات ومترادفات، سابقے، لاحقے، تکرار لفظی اور استفہامی لہجے وغیرہ جیسے شعری لوازم سے معمور ہے۔ کہیں کہیں زبان وبیان کی ناہمواریوں سے بھی سابقہ پڑتا ہے۔ نقش اول کے بعد نقش ثانی میں اس سے بہتر کی توقع رکھتے ہوئے شاعرِ موصوف کو ان کی اس کوشش پر مبارکباد پیش کرتا ہوں۔

اسلم فرشوری کی نعتیں مختلف سالم اور مقصودہ ومحذوف وغیرہ بحروں میں کہی گئی ہیں۔ چند مثالیں ملاحظہ ہوں:

(ا) بحر ہزج مثمن سالم:

ارکان: مفاعی لن مفاعی لن مفاعی لن مفاعی لن

(ہر شعر میں دوبار)

تمنا ہے مجھے لے جائے جب میری قضا آئے
مرے ہونٹوں پہ بس نامِ محمد کی صدا آئے

مقدر ہے ہمارا شاہِ دیں کا راہبر ہونا
اسے کہتے ہیں راہِ زندگی میں مقتدر ہونا

(۲) بحرِ متدارک مثمن سالم:
ارکان: فاعلن فاعلن فاعلن فاعلن (ہر شعر میں دوبار)
سانس پہلی جو لی، تھے یہاں مصطفیٰ
روزِ اول سے دل میں نہاں مصطفیٰ

(۳) بحرِ متقارب مثمن سالم:
ارکان: فَعولن فَعولن فَعولن فَعولن (ہر شعر میں دوبار)
تھے ذرے مدینے کے، نسبت سے روشن
ستارے ہوئے دیکھ حیرت سے روشن

(۴) بحرِ ہزج مسدس محذوف:
ارکان: مفاعی‌لن مفاعی‌لن فعولن (ہر شعر میں دوبار)
نہیں ممکن ہے کیا خیر البشر سے
اشارہ مل گیا، شق القمر سے

(۵) بحرِ ہزج مثمن اُشتر:
ارکان: فاعلن مفاعی‌لن فاعلن مفاعی‌لن (ہر شعر میں دوبار)
یہ جہاں بنایا ہے رب نے اُن کی صورت سے
دو جہاں روشن ہیں صرف اُن کی سیرت سے

(۶) بحرِ ہزج مثمن اخرب:
ارکان: مفعولُ مفاعی‌لن مفعولُ مفاعی‌لن (ہر شعر میں دوبار)
ہر درد کا درماں ہے نادان مدینے میں
ہوتی ہے ہر اک مشکل آسان مدینے میں

(۷) بحرِ رمل مثمن محذوف: یہ بحر اُردو میں کثیر الاستعمال ہے:
ارکان: فاعلاتن فاعلاتن فاعلاتن فاعلن (ہر شعر میں دوبار)
آپ نے بخشا شعورِ زندگی یا مصطفیٰ
آپ کا احساس ہے روحِ بندگی یا مصطفیٰ

(۸) بحرِ رمل مثمن مقصور:
ارکان: فاعلاتن فاعلاتن فاعلاتن فاعلات (ہر شعر میں دوبار)
جس کے صدقے میں خدا دے دانا پانی وہ رسول
دونوں عالم میں ہے جس کی حکمرانی وہ رسول

(۹) بحرِ خفیف مسدس مخبون محذوف ومقطوع:
ارکان: فاعلاتن مفاعِلن فعلن (ہر شعر میں دوبار)
جو نبی کا فقیر ہوجائے
دو جہاں میں امیر ہوجائے

(۱۰) بحرِ مضارع مثمن اخرب مکفوف:
ارکان: مفعولُ فاعلاتُ مفاعیلُ فاعلن (ہر شعر میں دوبار)
جیتے ہیں مشکلوں میں سدا مسکرا کے ہم
عاشق جو ہیں غلامِ شہِ دوسرا کے ہم

جس کی نہیں مثال وہ شہکار ہیں حضورؐ
پیکر ہیں نوری، نور کا گلزار ہیں حضورؐ

الغرض مجموعی طور پر اسلم فرشوری کے نعتیہ کلام کے مطالعے سے یہ نتیجہ اخذ کیا جاسکتا ہے کہ انہوں نے روایت سے استفادہ کرتے ہوئے عصرِ حاضر کے شعرائے کرام سے فکری وفنی اکتساب کیا ہے۔ ان کے یہاں اظہار میں عقیدت کی سچائی کے علاوہ اسلوبِ بیان میں روانی، شائستگی کا اہتمام بھی ملتا ہے۔ جو انہیں ایک نعت گو شاعر کہلانے کا مستحق بنا دیتا ہے۔

☆☆☆

پروفیسر انور معظم سابق صدر اسلامک اسٹڈیز، جامعہ عثمانیہ

اسلم فرشوری کی نعت گوئی

اردو شاعری کی تمام اصناف میں نعت ایک ایسی صنف ہے جو علامات، استعاروں اور تلمیحات کا ایک اپنا نظام رکھتی ہے۔ دوسری خصوصیت یہ ہے کہ یہ ایک ایسی عظیم ہستی پر مرکوز ہے جس سے محبت دنیا و آخرت میں نجات کا واحد وسیلہ ہے اور تیسرے خاص بات یہ ہے کہ صنف حد درجہ ادب اور احترام طلب کرتی ہے۔ اسلم فرشوری نے اپنی نعت گوئی میں ان تینوں باتوں کو ملحوظ رکھا ہے، یہی وجہ ہے کہ رسول اکرم ﷺ کے ساتھ ان کی جذباتی وابستگی ان کے ہر شعر سے صاف جھلکتی ہے۔ یقین ہے کہ یہ نعتیں اسی محبت سے پڑھی جائیں گی جس محبت سے لکھی گئی ہیں۔

نعت النبی ﷺ (اسلم فرشوری)

محبوب کبریا ہے وہ جنت کا پھول ہے
میرا رسولؐ سارے جہاں کا رسول ہے

اقصیٰ میں سب کو ان کی امامت قبول ہے
نبیوں میں سب سے اعلیٰ ہمارا رسولؐ ہے

راہِ رسولؐ پاک سے ہٹنا نہیں قبول
دنیا مجھے جو چاہے سزا دے قبول ہے

جنت تمہاری خدمت شوہر میں ہے نہاں
اے عورتو سنو یہ پیامِ بتولؓ ہے

اے مومنوں تمہارا بھی ویسا اصول ہو
خلفائے راشدین کا جیسا اصول ہے

کہتے ہیں جسکو کہکشاں سارے جہاں کے لوگ
میرے رسولؐ پاک کے قدموں کی دھول ہے

اہلِ قلم محاسبہ ہر گز نہ کر سکے
ذکر حبیب کبریا اس درجہ طول ہے

ہو کاش ایک شعر بھی مقبولِ کبریا
تو نعت پاک کی مری محنت وصول ہے

منکر ہے جو بھی محفلِ میلادِ پاک کا
انسان وہ گلاب نہیں ہے ببول ہے

پڑھتا ہوں میں درود شب وروز اس لئے
میرا عمل یہ میرے نبیؐ کو قبول ہے

جو کوئی اپنے جیسا بشر کہتا ہے انھیں
اس شخص کا یہ خبط ہے یہ اس کی بھول ہے

اُس شخص کو خرید نہ پائیں گے اہل زر
دامن میں جن کے آپ کے قدموں کی دھول ہے

اسلم میں لکھ رہا ہوں جو نعت رسولِ پاک
اشعار کا خدا کی طرف سے نزول ہے

ڈاکٹر سیّد اسرار الحق سبیلی۔ اسسٹنٹ پروفیسر، گورنمنٹ سٹی کالج حیدرآباد

اسلم فرشوری۔ چند یادیں

میری زیادہ تر دینی تعلیم دار العلوم سبیل السلام حیدرآباد میں ہوئی۔ ۹۳۔۱۹۹۲ء کی بات ہے، جب میں عربی جماعت میں زیرِ تعلیم تھا۔ ہمارے ساتھیوں میں لطیف الدین نام کے ایک طالبِ علم تھے، جو انوار العلوم کالج سے پڑھ کر آئے تھے۔ وہ ہم ساتھیوں کے علمی و ادبی کاموں کی بڑی حوصلہ افزائی کرتے تھے، اور نئے نئے انداز میں کام کرنے کی طرف ہم لوگوں کو راغب کرتے تھے۔

چناں چہ سال کے آخر میں طلبہ کے سالانہ جلسہ کے لئے مہمانِ خصوصی کی حیثیت سے جناب اسلم فرشوری صاحب (مرحوم) کو مدعو کرنے کا انہوں نے ارادہ کیا۔ لطیف الدین بھائی ہم کئی ساتھیوں کو لے کر فرشوری صاحب کو دعوت دینے آل انڈیا ریڈیو حیدرآباد گئے، لیکن ہم میں سے صرف دو ساتھیوں کو ہی فرشوری صاحب سے ملاقات کی اجازت ملی۔ باقی سب ساتھی پھاٹک کے پاس ہی کھڑے رہے، جن میں میں بھی تھا۔ تھوڑی دیر بعد ہمارا ایک ساتھی ریڈیو آفس سے واپس آیا اور کہا کہ فرشوری صاحب آپ سب کو بلا رہے ہیں۔ اس طرح ہم سب ساتھیوں کو پہلی مرتبہ اسلم فرشوری صاحب کو دیکھنے کا موقع ملا، لیکن اس سال فرشوری صاحب ہم طلبہ کے سالانہ جلسہ میں شرکت کے لئے سبیل السلام تشریف نہ لا سکے۔

۱۹۹۵ء میں دورۂ حدیث سے فارغ ہو کر میں تخصص فی الفقہ کا طالبِ علم تھا۔ اس سال مدرسہ کے سالانہ جلسہ کے موقع پر طلبہ کے لئے ایک سمپوزیم منعقد کیا گیا تھا، جس کا مرکزی عنوان تھا: ''ہندوستان کی آزادی اور تعمیر میں علماء اور مسلمانوں کا حصّہ''۔ اس مرکزی عنوان کے تحت کئی تقریریں اساتذہ اور تخصص کے طلبہ سے لکھوا کر دورۂ حدیث تک کے طلبہ کو تقریر کرنے کے لئے دی گئی تھیں۔ مجھ سے جو تقریر حضرت الاستاذ مولانا خالد سیف اللہ رحمانی حفظہ اللہ نے لکھوائی تھی، اس کا عنوان تھا: ''ہندوستان کی آزادی میں اردو زبان وصحافت کا حصّہ''۔ یہ تقریر ایک اچھے مقرر طالبِ علم کو دی گئی تھی، اس نے اس تقریر کو اچھی طرح یاد کر کے پیش کیا تھا۔

مجھے حیرت ہوئی کہ اس سمپوزیم میں جناب اسلم فرشوری صاحب بھی شہ نشین پر جلوہ افروز تھے۔ شاید ہمارے جونیئر ساتھیوں نے انہیں مدعو کیا تھا، اور انہوں نے پچھلی دعوت میں شرکت نہ کرنے کے کفارہ کے طور پر اس سمپوزیم میں شرکت کو یقینی بنایا تھا۔

سمپوزیم میں طلبہ کی تقاریر کے بعد مہمانِ خصوصی کی تقریر کے لئے جناب اسلم فرشوری صاحب کو خطاب کرنے کی دعوت دی گئی۔ انہوں نے اپنے خطاب میں طلبہ کی تقریروں کی خوب تعریف کی، اور فرمایا: یہ سمپوزیم شہر سے دور ایک کونے میں ہو رہا ہے۔ اگر یہ سمپوزیم شہر کے قلب میں منعقد ہوتا تو اس سے اہلِ حیدرآباد اچھی طرح مستفید ہوتے۔ انہوں نے میری لکھی ہوئی تقریر کو بھی کافی سراہا۔ انہوں نے اپنے خطاب میں کہا کہ آج ان طلبہ کی تقریروں میں بعض تقریر

یں اتنی اچھی ہیں کہ میں انہیں آل انڈیا ریڈیو سے نشر کرسکتا ہوں۔ یہ بات میں نے اپنے ذہن میں نوٹ کرلی۔

یہ شعبان کا مہینہ تھا۔ رمضان کے مہینہ میں میں نے جناب اسلم فرشوری صاحب کو جوابی پوسٹ کارڈ لکھا، اوران کا وعدہ یاد دلایا، اور بتایا کہ ''ہندوستان کی آزادی میں اردو زبان وصحافت کا حصہ'' کے عنوان سے جو تقریر طالب علم نے کی تھی، وہ میں نے لکھی تھی۔ انہوں نے نہایت عزت اور محبت سے جواب میں لکھا کہ آپ بہ نفسِ نفیس آل انڈیا ریڈیو تشریف لاکر اپنی تقریر ریکارڈ کرادیں۔ آپ کا پروگرام ۱۵ر مارچ ۱۹۹۵ء کو رکھا گیا ہے۔ چناں چہ میں نے آل انڈیا ریڈیو جاکر ان سے ملاقات کی۔ بڑی محبت سے پیش آئے، اور ریکارڈ کرنے والے عملہ کو ہدایت دی کہ یہ پہلی مرتبہ اپنی تقریر ریکارڈ کرانے آئے ہیں، آفس میں بھی ان کی رہ نمائی کریں۔

اس طرح اسلم فرشوری مرحوم کی بدولت مجھ طالب علم کی آل انڈیا ریڈیو حیدرآباد تک رسائی ہوئی۔ میں نے ابتدائی طالب علمی کے زمانہ میں ایوانِ اردو یا کسی رسالہ میں کسی ادیب کا بیان پڑھا تھا کہ جب وہ ریڈیو اسٹیشن کے پاس سے گزرتے تو ان کے دل میں یہ حسرت ہوتی کہ انہیں کب ریڈیو پر آنے کا موقع ملے گا۔ اللہ کا شکر ہے کہ میرے دل میں ایسی حسرت پیدا ہونے سے پہلے ہی فرشوری صاحب کی بدولت ریڈیو تک رسائی ہوئی، اور فیس کے دو سو پچاس روپے بھی حاصل ہوئے، جو اس وقت مجھ طالب علم کے لئے ایک اچھی رقم تھی، اور میرے علمی وادبی کام کا پہلا معاوضہ تھا۔

اس کے بعد ۱۹۹۶ء میں انہوں نے ریڈیو پر ایک اور تقریر پیش کرنے کا موقع دیا، جس کا عنوان ملا تھا: ''سماج کی اصلاح میں صحافت کا حصہ''۔ اس کے بعد تدریس کی وجہ سے سبیل السلام سے میرا پتہ تبدیل ہوگیا، اور اب تک ریڈیو پر کوئی پروگرام پیش کرنے کا موقع نہیں ملا، اور نہ ہی مقامِ تدریس بدل جانے کی وجہ سے فرشوری صاحب سے ملاقات کا موقع میسر آیا۔ البتہ بچوں کے ادب پر تحقیق اور سیمینار کے حوالہ سے ان کی اہلیہ محترمہ شبینہ فرشوری صاحبہ سے فون پر ربط ہوا۔

اسلم صاحب کی ذرّہ نوازی، عزّت وحوصلہ افزائی، دین اور دینی مزاج کے حامل افراد سے ان کی محبّت اور وابستگی کی قدر آج بھی میرے دل میں ہے۔ بہت دنوں سے ان کی طبیعت ناساز رہنے کی خبر ملی تھی، لیکن اچانک ان کے انتقال کی خبر سے بڑا صدمہ ہوا۔ اللہ تعالیٰ ان کی مغفرت فرمائے۔ باغِ فردوس میں اعلیٰ مقام عطا فرمائے۔ ان کے سیّئات کو حسنات سے مبدّل فرمائے، اوران کے پس ماندگان، محبّان وعزیزان کو صبرِ جمیل عطا فرمائے۔ آمین ثم آمین یارب العالمین۔

☆☆☆

سید سمیع اللہ سمیع

قطعہ تاریخ

اردو تہذیب کے علمبردار، آل انڈیا ریڈیو کے اناؤنسر، ممتاز شاعر ومشہور ناظم مشاعرہ جناب اسلم فرشوری صاحب کے سانحۂ ارتحال پر قطعہ تاریخ

*****

دنیا کی زندگی پہ قضا ہی کا راج ہے
ہر زندگی کے غم کا قضا ہی علاج ہے
تاریخ خوب نکلی ہے رحلت کی یہ سمیع
اسلم کی مغفرت ہو دعا لب پہ آج ہے

2025 عیسوی

ڈاکٹر محمد ناظم علی۔ سابق پرنسپل گورنمنٹ ڈگری کالج موڑتاڑ واکیڈمک اسٹیٹ ممبر تلنگانہ یونیورسٹی، نظام آباد

”اسلم فرشوری“ ایسا کہاں سے لائیں کہ تم سا کہیں جسے

اردو زبان وادب کی شمال اور جنوب سے کئی ایک ادباء شعراء صحافیوں نے بے پایاں خدمات انجام دیں ہیں۔ اول مشاعروں کی کامیابی کا راز ناظم نظامت کرنے والوں پر منحصر ہوتا ہے۔ ناظم نظامت سے محظوظ کرتا ہے بلکہ علمی ادبی بصیرت سامعین ناظرین میں پیدا کرتا ہے۔ ان میں قابل ذکر اسلم فرشوری بھی تھے۔ ثقلین حیدر، انور جلال پوری کے بعد اسلم فرشوری نے نظامت کی تاریخ دنیا میں اپنا نام ومقام بنایا۔ ان کا مختصر سا تعارف قارئین کے لیے حاضر ہے۔

ان کا اصل نام اسلم فرشوری، والد کا نام الیاس فرشوری ہے۔ آپ کی خدمات ہمہ جہت تھیں۔ شاعر، ادیب، صحافی، مصنف، اینکر، اداکار، پروڈیوسر، ڈائریکٹر میڈیا کنسلٹنٹ کی حیثیت سے کارنامے خدمات کے نقوش چھوڑے ہیں۔ مصروفیات بھی قابل قدر ہیں اردو زبان وادب کے فروغ میں خدمات انجام دینا، آل انڈیا مشاعروں کی نظامت کرنا، آل انڈیا ریڈیو اور دوسرے عام پروگراموں میں خدمات انجام دی۔ اپنی نگری اپنے لوگ پروگرام کے لیے تقریبا 550 اسکرپٹ لکھنے کا اعزاز یاوارنی اور ترنگ پروگرام کی ترتیب، مرزاجی کا دیوان خانہ اور نیرنگ پروگرام کی پیشکش۔ آل انڈیا ریڈیو کے ذریعہ روزانہ فیملی سیریلس کے طور پر چھوٹی چھوٹی باتیں شام میں 9:30 بجے سامعین سنتے تھے اس پروگرام کی خاصیت یہ تھی حیدرآبادی دکنی زبان میں طنزومزاح سے مربوط تھی۔ اس میں خاندانی مسائل معاشرتی اونچ نیچ، نشیب وفراز، سماجی معاشرتی مسائل پر پروگرام پیش کیا جاتا تھا۔ اس کے بہت سے کرداروں کے نام آج بھی حیدرآباد کے باشندوں کی زبان پر ہے۔

یاد رہے کہ یہ پروگرام مسلمان گھرانوں میں دلچسپی سے سنایا جاتا تھا۔ اس کے علاوہ 1978 تا 1979 ٹی وی کے لیے فیچر فلمیں بنانا کاروان ادب کے تحت شعراء وادیبوں سے متعلق سریز بنایا۔ ڈاکٹر سے ملاقات، ٹیلی فلموں کی تیاری میں شراکت راماراؤ کی ٹیلی فلم، منزلیں پیار کی ساگر سرحدی کی سیریل عالم پناہ اور ادھیکاری، لیکھ ٹنڈن کی سیریل دیا ساگر وجئے چندرا کی سیریل، جے دیر ہنومان ششیاگری کی سیریل ”کہکشاں“ سردار اور جلال آغا کی سیریل مسکراہٹیں، ساجد اعظم کی سیریل کاروان غزل، تیاری پیشکش جیسی خدمات انجام دی ہیں۔ آپ اپنی زندگی میں کئی علمی ادبی اداروں سے وابستہ تھے۔ مینیجنگ ڈاکٹر آئی کے آئی ایونٹس اینڈ میڈیا لندن، مینیجنگ ایڈیٹر انگریزی روزنامہ ایوننگ اسٹانڈرڈ حیدرآباد، مینیجنگ ایڈیٹر روزنامہ انگارے حیدرآباد مشیر برائے حیدرآباد، ایڈورٹائزنگ اینڈ مارکٹنگ اتھاریٹی۔ مشیر برائے شعبہ ماس کمیونکیشن مولانا آزاد نیشنل اردو یونیورسٹی حیدرآباد پروڈیوسر اردو پروگرام ای ٹی وی اردو 1999 تا 2002 اناؤنسر اور پروگرام ایگزیکیٹو اسکرپٹ رائٹر آل انڈیا حیدرآباد وگلبرگہ 1974 تا 1999 ڈائرکٹر وائس اینڈ ویژن پرائیویٹ میڈیا کمپنی 2002 تا 2004 بطور اداکار پہلی فلم شام بنیگل کی انکور تھی۔ اس کے علاوہ ان کی دوسری فلموں، منڈی، ہری بھری، نشانت، میں اداکار کے ساتھ ساتھ

اسسٹنٹ ڈائریکٹر کے فرائض بھی نبھائے۔ سکھ دکھ ہدایت کار جاوید قادری، وردی جہاپور کر اور جنوبی ہند کی فلموں راستے پیار کے۔ ایک ہی بھول، بے قرار جدائی، قانون اپنا اپنا جے ٹی راما راؤ، راجندر پرشاد، رگھویندر راؤ اور گوپال ریڈی نے پروڈیوس کیا۔ معاونت تقریباً 1000 ڈراموں کی تیاری و پیشکشی میں حصہ داری رہی۔ ان ڈراموں میں مشہور ڈراموں کے نام ہیں۔ تین دن قیامت کے، قلی قطب شاہ، ننھی سانولی، شکسں، تلاش، دل کی آواز، چوراہا اور بہادر ظفر شامل ہیں۔ اتنی وسیع وعریض ادبی علمی، برقی ورقی صحافت میں خدمات انجام دینے کے باوجود ایوارڈ دینے میں چشم پوشی کی۔ پھر بھی اردو زبان وادب کے فروغ کے سلسلے میں ٹیلی ویژن اور اسٹیج کی خدمات پر کئی ایوارڈ اور انعامات عطا کئے گئے۔ کل ہند اور بیرون ملک مشاعروں میں نظامت کے فرائض انجام دیتے۔ حیدرآباد کے جتنے بڑے مشاعرے ہوئے اس میں بھی اسلم فرشوری نظامت کے فرائض بحسن وخوبی انجام دیتے ہیں۔ جب ریڈیو اور ٹی وی میں خدمات انجام دینے لگے تو نہ صرف ڈیوٹی کے فرائض انجام دیتے بلکہ نئی نسل کو ریڈیو اور ٹی وی صحافت کے آداب سکھائے۔ اور ان کی تربیت بھی ان کے کئی شاگرد آج ورقی برقی ذرائع ابلاغ سے وابستہ ہوکر وہ اپنے استاد کا نام روشن کررہے ہیں۔ آپ علمی ادبی صحافتی معلومات کا پیکر تھے۔ تجربے مشاہدہ سے اعلیٰ مقام پیدا کئے۔ ہمہ جہت وہمہ نوعیت کی خدمات دنیائے صحافت اور ادب میں انجام دیتے رہے۔ اردو ادب میں حمد، نعت، منقبت، غزل اور دیگر اصناف میں طبع آزمائی کی۔ ریڈیو اور ٹی وی اور اردو زبان وادب یہ ستارہ سورج 9 جنوری 2025 کو غروب ہوگیا۔ جس کی تلافی مشکل ہے، خدا سے دعا ہے کہ مرحوم کی جنت الفردوس میں جگہ عطا کرے اور لواحقین کو صبر جمیل عطا کرے۔

اسلم فرشوری۔ حیدرآباد

نعت النبی صلی اللہ علیہ وسلم

اللہ کے شہکار کے اذکار کی خوشبو
قرآن میں ہے احمدِ مختار کی خوشبو

ہر سمت سے آتی ہے جو سرکارؐ کی خوشبو
در اصل ہے آقاؐ کے یہ کردار کی خوشبو

اشعار میں شامل ہے جو سرکارؐ کی خوشبو
تا حشر رہے گی مرے اشعار کی خوشبو

نفرت کے اندھیروں کو مٹا کر شہہ دیںؐ نے
پھیلائی ہے پھر چاروں طرف پیار کی خوشبو

سرکارؐ کی جالی پہ نگاہوں کو جما کر
آنکھوں میں بساؤں گا میں دیدار کی خوشبو

طیبہ سے جو لوٹا تو میں خالی نہیں لوٹا
سانسوں میں بسالی شہہؐ ابرار کی خوشبو

ویسے تو ہر اک سے تھی محبت اُنھیںؐ لیکن
سرکارؐ کو بھاتی تھی بہت چار کی خوشبو

پہنچے جو مدینہ تو یہ روشن ہوا ہم پر
ہر ذرے میں ہے پیکرِ انوار کی خوشبو

سرکارؐ نظر آئیں تو ہے موت بھی منظور
اسلم کو بھی مل جائے گی دیدار کی خوشبو

ڈاکٹر رفیعہ نوشین۔حیدرآباددکن

اسلم فرشوری کی تقدیسی شاعری

اردو کی ادبی تاریخ میں نعتیہ شاعری ایک مستقل صنف کی حیثیت سے بے حد مقبول، شیریں اور دل نشیں صنف بن گئی ہے۔ ابتدا سے عہدِ حاضر تک اردو میں نعت نگاری کا سرمایہ موجود ہے۔ اس کا بھر پور محاسبہ کرنے کے بعد اس حقیقت کا اعتراف کرنا پڑتا ہے کہ اردو میں یہ مشکل کوئی ایسا شاعر ملے گا جس نے ایک بھی نعتیہ شعر نہ کہا ہو۔

اسلم فرشوری نام ہے ایک ہمہ جہت شخصیت کا جو بیک وقت شاعر، ادیب، صحافی، مصنف، اداکار، پروڈیوسر، ڈائرکٹر، براڈ کاسٹر، عالمی شہرت یافتہ ناظم مشاعرہ، اور میڈیا کنسلٹنٹ تھے۔انہوں نے خود اپنی شہرت کے بارے میں کہا تھا کہ۔

کرم ہے سفارش ہے یہ مصطفیٰ کی
جو ہے نام اسلم بھی شہرت سے روشن

یعنی کہ انہوں نے اس شعر میں اپنی کامیابی کو نبی کریم ﷺ کے وسیلے سے منسلک کیا۔سبحان اللہ!

آج میں اس مختصر مضمون کے ذریعہ ان کے صرف ایک پہلو یعنی کہ اسلم فرشوری کی 'تقدیسی شاعری' کے بارے میں اظہار خیال کرنا چاہوں گی۔

اسلم فرشوری نے اپنی تقدیسی شاعری کو جن لفظیات سے آراستہ کرنے کی کوشش کی ہے، اُس میں دل کشی بھی ہے اور تازگی و طرفگی بھی۔ یوں تو انہوں نے اردو شاعری کے ہر صنف سخن میں طبع آزمائی کی مگر وہ ایک نعت گو شاعر تھے۔ان کا نعتیہ کلام ان کے سچے عاشق رسول ہونے کا ثبوت ہے۔

بقول شاعر:

حمد بھی اور نعت بھی لکھی ہیں اسلم نے بہت
آپ کا ہوں میں ازل سے، دل بھی سارا آپ کا

نعت گوئی سے مراد وہ شاعری ہے جس میں خالصتاً حضور اکرم صلی اللہ علیہ وسلم کی مدح کی جائے۔اوصاف حمیدہ اور محاسنِ پاک بیان کیے جائیں۔

محیِ آخرالزماں صلی اللہ علیہ وآلہ وسلم کی مدح وثنا، فکر و فن کی آبرو، شعر و سخن کی معراج اور زبان وقلم کے لیے باعثِ اعزاز ہے۔ یہ سعادت ہر ایک کو میسر نہیں ہوتی اور یہ شرف ہر سخنور کو حاصل نہیں ہوتا۔نعت گو شاعر اپنی قسمت کی ارجمندی پر جس قدر ناز کرے کم ہے کہ اسے خالقِ لوح وقلم نے اپنے ممدوح جناب محمد مصطفیٰ صلی اللہ علیہ وسلم کی توصیف کی توفیق ارزاں فرمائی ہے۔

اس بات کا شکریہ اسلم فرشوری نے بھی یوں ادا کیا کہ:
''اے میرے مالک تیرا لاکھوں کروڑوں بار شکر کہ تو نے مجھ جیسے کو اپنے حبیب حضرت محمد مصطفیٰ ﷺ کے عشق کے دامن بے پناہ میں بیٹھ کر مدح اور ثنا خوانی کے لئے زبان وقلم عطا فرمایا۔میری فکر کے دامن کو وسعت عطا فرمائی، تبھی تو جا کے بندہ ناچیز کچھ کہہ پایا۔
الحمداللہ''!

(کتاب: رحمت اللعالمین، دل سے۔۔۔صفحہ نمبر 41)

''رحمۃ للعالمین'' آپ کے موئے قلم کا اولین نعتیہ مجموعہ ہے۔ جس میں آپ نے سرکارِ دو عالم صلی اللہ علیہ وسلم کی محبت والفت کے گن گائے ہیں۔

یہ مجموعہ انجمن فنکاران دکن کے زیر اہتمام 2014 میں شائع ہوا تھا- اور اس کا رسم اجراء مدینہ منورہ کی مقدس سرزمین پر ہوا تھا- اس کتاب میں 3 حمد، 68 نعتیں اور چند قطعات شامل ہیں-

یہ مجموعہ ذات رسول مقبول صلی اللہ علیہ وسلم کے عشق و محبت اور آقائے کائنات صلی اللہ علیہ وسلم کی سیرتِ طیبہ کا ایک حسین گل دستہ ہے جس کے ایک ایک شعر سے شاعر کا والہانہ خلوص، فداکارانہ عقیدت، شریعتِ مطہرہ کا التزام، الفاظ کا مناسب رکھ رکھاو اور شعریت کے حُسن کی جھلکیاں صاف طور پر نمایاں نظر آتی ہیں۔

گلبرگہ کے پروفیسر محمد عبدالحمید اکبر کہتے ہیں:

''اسلم فرشوری کے یہاں نعت میں موضوعات کا تنوع ملتا ہے- جو انکے احساسات اور جذبات عقیدت کا سچا اظہار معلوم ہوتے ہیں- اہل بیت، معراج النبی، معجزات، دورود، سایہ نبی، خوشبو صبر ورضا جنت، جمال نبی اور کئی موضوعات ان کے نعتیہ کلام میں ملتے ہیں''۔

بطور مثال یہ شعر دیکھئے کہ۔

میں کہاں نعت کہاں نعت کا ادراک کہاں
میرے آقا کا کرم ہے یہ سعادت کیا ہے؟

اس شعر کے پہلے مصرعہ میں شاعر کی انکساری دیکھئے کہ وہ اپنی بے بسی اور کم مائیگی کو تسلیم کرتے ہوئے کہتا ہے کہ وہ اپنے آپ کو اس قابل نہیں سمجھتا کہ نعت جیسے مقدس کلام کا ادراک یا اظہار کر سکے۔ وہیں دوسرے مصرعہ میں اس حقیقت کو اجاگر کرتا ہے کہ نعت کہنے کی سعادت اگر اسے ہوئی ہے تو نبی کریم ﷺ کی نظرِ کرم اور ان کی رحمت کا نتیجہ ہے۔ یہ شاعر کی شکر گزاری اور عقیدت کا اظہار ہے کہ اسے ایسی بابرکت سعادت نصیب ہوئی۔

نعت محض الفاظ کا مجموعہ نہیں بلکہ ایک پاکیزہ اور مقدس عمل ہے، جو دل کی گہرائیوں میں موجود محبت اور عقیدت کا مظہر ہے۔

اس کو شاعر نے کس طرح شعر کے پیکر میں ڈھالا ہے ملاحظہ کریں- کہتے ہیں:

نعت کہنے کے لئے دل میں عقیدت چاہئے
اور پھر سرکار کی چشم عنایت چاہئے!

پہلا مصرع، ''نعت کہنے کے لئے دل میں عقیدت چاہئے''، یہ ظاہر کرتا ہے کہ نعت لکھنے کے لیے دل میں بے پناہ عشقِ رسول ﷺ اور خلوص کی ضرورت ہے۔ یہ عشق انسان کو دنیاوی آلائشوں سے پاک کرتا ہے اور اسے ایسی کیفیت میں لے آتا ہے جہاں ہر لفظ عبادت بن جاتا ہے۔

جب کہ دوسرا مصرع،

''اور پھر سرکار کی چشم عنایت چاہئے!'' اس بات کی طرف اشارہ کرتا ہے کہ نعت گوئی کا حقیقی شرف تب ہی حاصل ہو سکتا ہے جب حضور نبی کریم ﷺ کی نظرِ کرم شامل حال ہو۔ یہ عاجزی اور دعا کی کیفیت کو نمایاں کرتا ہے، کیونکہ نعت گوئی ایک عظیم سعادت ہے جو صرف منتخب دلوں کو عطا کی جاتی ہے۔

پھر آگے چل کر وہ کہتے ہیں کہ۔

یہ جو میں نعت لکھتا ہوں اسے سنتا ہوں پڑھتا ہوں

مجھے تو یہ مری ماں کی دعا معلوم ہوتی ہے

اس شعر میں شاعر نے نعت کو اپنی ماں کی دعا سے تشبیہ دیتے ہوئے یہ بتایا ہے کہ۔

نعت گوئی صرف اظہارِ عقیدت نہیں بلکہ دل کی گہرائیوں سے نکلنے والی دعا اور روحانی تعلق کی علامت ہے۔

اسلم فرشوری جب بھی مشاعروں میں نعتیہ کلام پیش کرتے تو ان کے کلام کو نہ صرف پسند کیا جاتا بلکہ داد سے بھی نوازا جاتا تب وہ یوں کہتے کہ۔

پسند آئے جو ان کو تو نعت ہو مقبول
حضور خوش ہوں تو اس کا صلہ خدا سے ملے
برائے داد کسی کی طرف میں کیوں دیکھوں؟
وہی ہے داد جو دربار مصطفےٰ سے ملے

یہ چار اشعار نعت گو کی عاجزی اور خالص نیت کو ظاہر کرتے ہیں۔ شاعر کہتا ہے کہ اسے کسی انسان سے تعریف یا داد کی ضرورت نہیں، کیونکہ اصل داد تو وہی ہے جو حضور ﷺ کے دربار سے ملے۔ شاعر کے نزدیک دنیاوی تحسین بے معنی ہے اگر حضور ﷺ کی بارگاہ میں اس کا کلام مقبول نہ ہو۔

اسلم فرشوری کی نعتوں کا تنقیدی جائزہ لینے کے بعد ناچیز اس نتیجے پر پہنچی ہے کہ وہ نعت گوئی کے فن کی باریکیوں سے نہ صرف واقف تھے بلکہ ان کو کامیابی سے برتنے کا ہنر بھی جانتے تھے۔ جس کی وجہ سے موصوف کا کلام بے جا خیال آرائیوں سے پاک وصاف دکھائی دیتا ہے۔ شاعر نے قدم قدم پر اپنے خیالات ومحسوسات کو ادا کرنے میں سچائی اور صداقت کا پاس ولحاظ رکھا ہے۔

اپنے مضمون کے اختتام سے پہلے میں ان کا ایک اور شعر گوش گزار کرنا چاہوں گی کہتے ہیں کہ۔

بخش دے میری ہر خطا یا رب
آدمی ہوں قصور رکھتا ہوں!

یہ شعر توبہ اور مغفرت کی روح کو واضح کرتا ہے۔ اس میں بندے کی عاجزی اور اللہ کی رحمت پر یقین جھلکتا ہے۔ شاعر نہ صرف اپنی خطاؤں کا اعتراف کر رہا ہے بلکہ اللہ کی قدرت اور مہربانی کو بھی تسلیم کر رہا ہے۔ یہ کلام ہر مومن کے دل کی آواز ہے، جو اللہ کے حضور جھک کر اپنی اصلاح چاہتا ہے اور اس کی بخشش کا طلبگار ہے۔

آج اسلم فرشوری ہمارے درمیان نہیں ہیں۔ آئے ان کے لئے دعائے مغفرت کرتے ہیں۔

یا رب العالمین! تیری بارگاہ میں ہم عاجزی سے التجا کرتے ہیں کہ تو اپنے خاص کرم سے اس نعت گو شاعر اسلم فرشوری کو اپنی بے پایاں رحمتوں میں ڈھانپ لے۔ انہوں نے اپنی زندگی میں تیرے محبوب، حضرت محمد مصطفیٰ ﷺ کی شانِ اقدس کے گن گائے، تیرے محبوب کی مدح سرائی کی اور عشقِ رسول ﷺ کے چراغ جلائے۔

یا اللہ! ان کی ہر خطا اور لغزش کو معاف فرما۔ ان کے درجات کو بلند فرما۔ انہیں جنت الفردوس میں اعلیٰ مقام عطا فرما، جہاں تیرے محبوب ﷺ کی قربت کا شرف حاصل ہو۔

یا غفور ورحیم! ان کی نعت گوئی کو ان کے لئے صدقہ جاریہ بنا، ان کے اشعار کے ذریعے دلوں میں عشقِ رسول ﷺ کی شمعیں روشن کر دے اور ان کے کلام کو قیامت تک مقبولیت عطا فرما۔

ہم سب کو بھی نعت گوئی کے فیض سے مستفید ہونے کی توفیق عطا فرما اور ہمارے دلوں کو محبتِ رسول ﷺ سے منور کر دے۔ آمین یا رب العالمین!

ڈاکٹر فاروق شکیل۔حیدرآباد

اسلم فرشوری کی نعتیہ شاعری

آدمی کی علمی استعداد جتنی ہوتی ہے اتنی ہی فکری استعداد ہوتی ہے جو کسب سے حاصل ہوتی ہے لیکن یہ بھی ایک حقیقت ہے کہ علمی استعداد آگہی کے آگے بے بس ہوجاتی ہے۔

علم سر کو جھکائے رہتا ہے
آگہی جب بھی بولتی ہے میاں

اسی طرح رسول خدا سرورؐ کونین کی ثناء کے پھول بھی صدیوں سے کھلائے جارہے ہیں اور دلوں کو مہکارہے ہیں اور انسان اپنی فکری استعداد کے مطابق مدحت رسول کریم کا حق ادا کرنے کی کوشش کررہا ہے اور بات ہے کہ صرف حق ہی سے حق ہی حق ادا ہوا ہے۔یوں تو بظاہر نعت سی حرفی لفظ ہے جس کے لغوی معنٰی تعریف وتوصیف کے ہیں اور ثناءخوان رسولؐ خدا اسی پیرائے میں رسولؐ خدا کی ذات اقدس، سیرت مبارک اور اپنی محبتوں کے پھول پروتے ہیں شاعری میں حمد باری تعالیٰ کے بعد نعت چاند ہے تو دیگر اصناف سخن ستاروں کا جھرمٹ ہے دیگر اصناف سخن تو محنت اور ریاضت سے حاصل کئے جاسکے ہیں لیکن نعت رسول کریم محبت اور عقیدت مین ڈوب کر کہی جاتی ہے لیکن احتیاط شرط لازم ہے قلم اور زبان ذرا بھی لڑکھڑائے تو ایمان خطرے میں پڑجاتا ہے اسی لئے تو کہا گیا ہے کہ۔

باخدا دیوانہ باشد با محمدؐ ہوشیار

مشہور شاعر عرفی نے بھی اپنے اپنے ایک شعر میں یوں خبردار کیا ہے۔

عرفی مشتاب ایں رہ نعت است نہ است نہ صحرا است
آہستہ کہ رہ بردم تیغ است قدم را یعنی اے عرفی تیزی سے مت دوڑو کیونکہ یہ کوئی جنگل یا صحرا نہیں ہے بلکہ نعت رسول کریمؐ کا نازک راستہ ہے احتیاط سے سنبھل کر چلو یہاں تلوار کی دھار پر قدم رکھنا پڑتا ہے۔

نعت اے عرفی تیزی سے مت دوڑو کیونکہ یہ کوئی جنگل یا صحرا نہیں ہے بلکہ نعت رسول کریم کا نازک راستہ ہے احتیاط سے سنبھل کر چلو یہاں تلوار کی دھار پر قدم رکھنا پڑتا ہے۔

نعت سرور کونین محبتوں اور عقیدتوں کے پھولوں کا معطر گلدستہ ہے جس کی مہک سے جسم وجاں مہکنے لگتے ہیں کیوں کہ یہ ان کی مدحت کا پیرایہ ہے جو تمام عالمین کے لئے رحمت ہیں۔جن کے وجود پاک سے دنیائے رنگ وبو کا وجود ہے۔جن کے نقش قدم نے زمین کو اجالا ہے۔جن کے وجود پاک نے اللہ تبارک وتعالیٰ کے وجود واحد کی نشاندہی کی ہے۔توحید کی دولت سے بندوں کو مالا مال کیا ہے۔انسان کو انسانیت کی معراج تک پہنچایا ہے۔جو محبوب کبریا ہیں، افضل الانبیاؑ ہیں، خاتم المرسلینؐ ہیں، شافع محشرؐ ہیں اور تمام کائنات کے سرورؐ ہیں جن کے مقام، مرتبے اور عظمت کو اللہ تبارک تعالیٰ نے اپنے نورانی صحیفے، قرآن پاک میں روشن کیا ہے کہ۔

۱۔رسول کریمؐ کی اطاعت ومحبت اللہ کی محبت کی نوید ہے۔(آل عمران۔۳۱)
۲۔رسول کریمؐ کی رضا اللہ تبارک تعالیٰ کی رضا ہے(التوبہ۔۶۲)
۳۔رسول کریمؐ کا فضل اللہ تبارک تعالیٰ کا فضل ہے(التوبہ۔۷۴)
۴۔رسول کرینؐ کی بیعت اللہ تبارک تعالیٰ کی بیعت ہے(الفتح۔۱۰)
۵۔رسول کریمؐ کا انکار اللہ تبارک تعالیٰ کا انکار ہے(التوبہ۔۵۴)

اسی طرح اور بھی کئی آیتوں میں سرکارؐ کی عظمت بتائی گئی ہے جس سے اندازہ لگایا جا سکتا ہے سرور کائنات ﷺ کا مقام، مرتبہ اور عظمت کیا ہے۔ نعت لکھنے کی توفیق عشق رسول کریم ﷺ کی عطا ہوتی ہے۔ جس کو حبیب کبریا سے جس قدر عشق ہوتا ہے عطا بھی اسی قدر ہوتی ہے۔ اسلم فرشوری کے اندر بھی جب عشق سرور کونین کا سمندر ٹھاٹھیں مارنے لگا تو عطاؤں کا سلسلہ شروع ہوگیا۔ فکر کے دریچے کھل گئے، نعت پاک کا نزول ہونے لگا قلم تھاما تو قرطاس پر مدحت سرکارؐ اترنے لگی اور محبت و عقیدت لفظوں میں شامل ہوگئے۔ سرکارؐ کے غلاموں کی فہرست میں اپنا نام لکھوالیا اور بارگاہ رب العزت میں دعا کی۔

محبت ان کی ہو اتنی دل اسلم میں یا اللہ، یا خدا ذکر نبیؐ کو اور مدت چاہیئے ان کی محبت ان کی دعاؤں کو ضرور تاثیر دلائے گی۔ اسلم فرشوری نے نعت میں اپنے اسلوب کو نہایت عام فہم رکھا ہے تاکہ وہ راست ذہن میں اپنے تاثرات ثبت کرے۔ لہجے میں شائستگی نے اشعار، مین رس گھول دیا ہے سلاست اور سادگی نے دل نشینی کی کیفیت پیدا کردی ہے۔

آپ کو ہم سمجھ نہیں سکتے
بات اتنی سمجھ میں آئی ہے

نبیؐ کی یاد نے آباد کردیا دل کو
فقیر بھی ہیں تو اپنی جگہ امیر ہیں ہم

ذکر آقاؐ کر رہا تھا اپنے گھر میں بیٹھ کر
اور فرشتے عرش سے میرے مکاں تک آگئے

جنتی کیوں نہ ہوگا وہ انساں
جو نبیؐ کا مریض ہو جائے

یہ صوفی سابری چشتی نظامی قادری عارف
دیار ہند میں کیا خوب ہے لشکر محمدؐ کا

اسلم فرشوری کی نعتوں میں عشق رسول کریم کا والہانہ پن بڑی عقیدت کے ساتھ نمو پذیر ہے۔ جس نرم روی سے وہ نعتیہ سفر میں آگے بڑھ رہے ہیں وہ روشن منزل کا پتہ دیتا ہے۔ ان کے اشعار میں انان و وجدان کے چراغ جل رہے ہیں وہ ان کے اندر روشنی پھیلا رہے ہیں۔ دیار نبی کی رحمتوں اور فضیلتوں سے ہر کوئی واقف ہے۔ ہر مسلم کی دیرینہ آرزو ہوتی ہے کہ وہ کم از کم زندگی میں ایک بار مدینہ منورہ کی زیارت کرے کیوں کہ یہ وہ نورانی شہر ہے۔ جس کے تعلق سے کہا گیا ہے" یہ وہ شہر ہے۔ جس کی ہواؤں نے محبوب کبریا کے رخساروں کا بوسہ لیا ہے اور ان کے لئے راحت کا سامان بنی ہیں۔ یہی وہ شہر ہے۔ جس کے چاند نے ان کے جمال خلد نشان کو کہا ہے اور صحابہ کرام کی زندگی میں ایسی روشن راتیں آئیں جب ایک طرف آسمان پر چاند چمک رہا تھا اور دوسری طرف رسول کریمؐ کے رحساروں کی تابانی ان کے سامنے تھی اور اس تابانی نے چاند سے جیسے اس کی چمک چھین لی"۔ اسلم فرشوری پر تقدیر اس قدر مہربان ہے کہ ان کو بار بار ارض مقدس سے بلاوا آتا ہے اور وہ سرکارؐ کی محبت میں سرشادر خدا کا شکر ادا کرتے ہوئے جاتے ہیں ﷺ ڑض ﷺ ؤں سے لوٹ آتے ہیں تو اپنے دامن میں رحمتیں اور برکتیں میٹ لاتے ہیں اور اس نورانی شہر کے تصویر میں کھئے ہوئے رہتے ہیں اپنی سانسوں میں رسول کریمؐ کی خوشبو بسا کر لوٹتے ہیں۔

طیبہ سے جو لوٹا تو میں خالی نہیں لوٹا
سانسوں میں بسالی شہؐ ابرار کی خوشبو

لوگ تو روتے ہوئے لوات کے آئے ہیں مگر
انؐ کا دیوانہ مدینے سے نہال آتا ہے

ایسا لگتا ہے کہ اسلم فرشوری نے اپنے دل میں مدینے کو بسا لیا ہے۔ سرور کونین سے ان کی محبت جب نعت میں تجسیم ہوتی ہے تو ان کے عشق کا والہانہ پن ظاہر ہو جاتا ہے۔ مجھے یقین ہے کہ جادۂ رحمت کا یہ مسافر ایک دن ضرور اجالوں کی منزل پالے گا۔ مجھے امید ہے کہ اسلم فرشوری کی نوارنی سوغات عاشقان مصطفیؐ کے دلوں میں اپنی خوشبو بکھیر دے گی اور انھیں دعاؤں سے نوازے گی۔

محمد اشفاق راشد۔حیدرآباد

اسلم فرشوری۔ پہلودار شخصیت

بزم میں ایک چراغ تھا نہ رہا

9 جنوری جمعرات کا دن دنیائے اردو ادب کے لئے جناب اسلم فرشوری کے سانحۂ ارتحال کی اندوہناک خبر لے کر آیا اور دنیا اردو ادب کی فضاء مغموم ہوگئی۔ 76 برس کی عمر میں اسلم فرشوری نے اس فانی دنیا کو الوداع کہا۔ان کے انتقال کی اطلاع پر مختلف ادبی تنظیموں کے ادیبوں،شعراء اور اہم شخصیتوں نے ان کے مکان (سن سٹی) پہنچ کر آخری دیدار کیا اور غم زدہ ارکان خاندان سے اظہار تعزیت کیا۔نماز جنازہ بعد نماز عشاء مسجد زیب النساء سن سٹی حیدرآباد اور تدفین درگاہ یوسفین کے احاطہ میں عمل میں آئی۔ بقول ساحر لدھیانوی۔

دیکھی زمانہ کی یاری
بچھڑے سبھی باری باری

اسلم فرشوری پہلودار شخصیت کے مالک اور اپنے آپ میں ایک بزم تھے۔

اسلم فرشوری پہلودار شخصیت کے مالک اور اپنے آپ میں ایک بزم تھے۔ان کا شمار فرخندہ بنیاد شہر حیدرآباد کے ان ہستیوں میں ہوتا ہے،جنہوں نے اپنے علمی وادبی خدمات کے ذریعہ اردو ادب کو پروان چڑھایا۔ وہ بیک وقت سرکردہ براڈکاسٹر شاعر،ادیب ومعروف ناظم تھے۔

اسلم فرشوری کی پیدائش 8 جولائی 1951 کو ہوئی۔ والد محترم کا نام الیاس حسین فرشوری اور والدہ ماجدہ کا نام نیاز بتول تھا۔ 1971 میں انوار العلوم کالج سے گریجویشن کی تکمیل کی اور دو سال تک طلبہ یونین کے صدر بھی رہے۔ 1968 سے تین سال تک آل انڈیا انٹر کالج ڈیبیٹنگ مقابلہ میں عثمانیہ یونیورسٹی کی نمائندگی کی اور انعامات سے سرفراز کئے گئے۔ 69-1968 میں انہوں نے کالج میگزین کے ایڈیٹر کی ذمہ داری بھی بحسن وخوبی نبھائی۔ 1969 میں تلنگانہ تحریک سے وابستہ ہوئے جس کی بناء ان کے خلاف گرفتاری کا وارنٹ بھی جاری ہوا تھا۔اسلم فرشوری نے چھ سال کی عمر میں اسٹیج اور ریڈیو سے اپنے کیریئر کا آغاز کیا۔ 1995 میں آل انڈیا حیدرآباد میں اردو کے پروگرام ایکزیکیٹیو کے عہدہ پر فائز ہوگئے۔ اس دور میں ریڈیو کے مشہور پروگرام ''چھوٹی چھوٹی باتیں'' میں لالا بھائی'' کا ان کا رول کافی مشہور ہوا تھا جس کی وجہ سے لوگ انہیں لالہ بھائی بھی کہتے تھے۔گلبرگہ میں تبادلہ عمل میں آنے کے بعد دو سال خدمات انجام دیں اور رضا کارانہ طور پر آل انڈیا ریڈیو سے سبکدوشی اختیار کرلی۔ 2000 میں ای ٹی وی اردو سے جڑ گئے۔ 2014 میں آئی کے ایونٹس اینڈ مینجمنٹ (لندن) سے وابستہ ہوگئے۔ 2014 میں ان کا نعتیہ مجموعہ ''رحمۃ للعالمین'' انجمن قلمکاران دکن حیدرآباد نے شائع کیا تھا۔

اسلم فرشوری کا نعتیہ کلام ایک گلدستہ عقیدت ہے اور کائنات کا ذرہ ذرہ اس عقیدت کی معنوی اور پاکیزہ خوشبو سے معطر ومنور ہے۔ ان کے یہاں لغت موضوعات کا تنوع ملتا ہے جو ان کے احساسات اور جذبات عقیدت کا سچا اظہار معلوم ہوتا ہے۔ ان کی نعتیہ شاعری میں نہایت سادگی کے ساتھ سیرت النبیؐ کے پہلو بیان کردیئے گئے جو دل کو چھو لیتے ہیں کلام میں جدید سوچ اور تلازمات بھی ملتے ہیں۔

لکھنا ہے شعر نعت رسالت مآب کے
اب میرے منہ سے پھول جھڑیں گے گلاب کے
پڑھ کر جو میں سوتا ہوں درودوں کا وظیفہ
آقا جو خواب میں نظر آئیں تو عجب کیا
آپ کا سایہ نہ تھا لیکن یہ عالم دیکھیے
سارا عالم ہے زیر سایہ آپؐ کا

اسلم فرشوری کی نظامت ونقابت کے چرچے ملک وبیرون ملک تک مشہور ہیں۔ مشاعروں کی نظامت میں انہیں کمال حاصل تھا۔ فن نظامت حد درجہ عرق ریزی اور محنت شاقہ کا متقاضی ہے جو دراصل ناظم مشاعرہ کے اپنے گفتار وکردار کی شفافیت زبان وبیان کی شیرنی سے اہل محفل کے دلوں کو جیتنے کا فن ہے۔ ناظم اجلاس جہاں عوام اور شعراء کے درمیان ایک اہم کڑی کی حیثیت رکھتا ہے وہیں شعرائے کرام اور عوام کے درمیان ایک پل کا بھی کام کرتا ہے۔ شاعر کو دعوت کلام دینے کے لئے ان کے حسب حال اشعار پیش کرنے پڑتے ہیں جن کی پیشکش میں سلاست وروانی کے ساتھ زبان وبیان میں شگفتگی اور جاذبیت ہوتی ہے۔ ان تمام اوصاف کے حامل اسلم فرشوی نے مختلف مشاعروں، جلسوں اور اجلاس کی نظامت بڑی عمدگی وخوبصورتی سے کی۔ ان کی گفتگو اور انداز بیان میں ایک خاص تاثیر ہوتی تھی۔ ان کی نظامت مشاعروں، جلسوں اور ادبی اجلاس کی کامیابی کی ضمانت ہوا کرتی تھی۔ اسلم فرشوری نے کئی برسوں تک کل ہند مجلس اتحاد المسلمین کے جشن رحمۃ للعالمینؐ کے موقع پر منعقدہ نعتیہ مشاعروں کی نظامت کے فرائض دلنشین انداز میں انجام دیئے۔ انہوں نے بین الاقوامی مشاعروں کی نظامت بھی انجام دی۔ جن میں ممتاز شعراء بشیر بدر، احمد فراز، کیفی اعظمی وغیرہ شریک ہوا کرتے تھے۔ اسلم فرشوری نے آندھرا پردیش کی فائن آرٹس اکیڈمی اور انجمن فلمکاران کی صدارت کی ذمہ داری بھی نبھائی۔ اس کے علاوہ وہ مختلف ادبی وسماجی تنظیموں سے بھی وابستہ رہے۔ اسلم فرشوری نے کئی اسٹیج شوز کی ہدایت کاری بھی کی ہے۔ دوردرشن پر وہ مختلف ڈراموں میں اپنی اداکاری کے جواہر دکھائے۔ وہ دوردرشن کے سپتا گیری چیانل پر ڈاکٹر بی آر امبیڈکر یونیورسٹی کے تحت نشر ہونے والے معلوماتی پروگراموں میں شرکت کرتے تھے۔ ای ٹی وی میں انہوں نے ڈرامہ میں عرفان خاں کے ساتھ رول کیا تھا جس میں عرفان خاں نے مشہور شاعر مخدوم محی الدین کا کردار نبھایا تھا۔ اسلم فرشوری نے نامور فلم ڈائرکٹر شیام بینیگل کے ساتھ بطور اسسٹنٹ ڈائرکٹر کی خدمات انجام دیں۔ یہاں اس بات کا ذکر بے محل نہ ہوگا کہ اردو کے مشہور شاعر علامہ حیرت بدایونی اسلم فرشوری کے حقیقی چچا تھے۔ حیدرآباد کے علاوہ ملک وبیرون ملک ان کی خدمات کے اعتراف میں ایوارڈس سے سرفراز کئے گئے۔ حکومت تلنگانہ کی جانب سے یوم تاسیس کے موقع پر ادب کے زمرہ میں ایوارڈ سے نوازے گئے۔ اسلم فرشوری کی رحلت ایک اور دور کا خاتمہ ہے۔ دنیائے اردو ادب میں وہ ہمیشہ یاد کئے جائیں گے۔

سیدہ نصرت جہاں۔گلبرگہ کرناٹک

"فن اور شخصیت کے ساحر" جناب اسلم فرشوری

جناب اسلم فرشوری صاحب کے تعلق سے اپنے جذبات واحساسات کو الفاظ کا جامہ پہنانا میرے لئے جتنا آسان لگ رہا ہے اتنا ہی مشکل بھی۔ آسان اس لئے محسوس ہورہا ہے کہ اسکول کے زمانے سے کالج اور پھر عثمانیہ یونیورسٹی کے دور کے بعد آکاش وانی حیدرآباد کے کیوول پروڈکشن اسسٹنٹ (Casual Production Assistant) کے طور پر میرے کام کرنے تک کے اس لمبے عرصہ میں میں نے اسلم بھائی کو سنا، دیکھا، سمجھا اور جانا۔ اک معنوں میں میں ان کی عقیدت مند بھی رہی اوران کی خوبیوں کی معترف بھی۔ دوسری طرف اظہار خیال میں مشکل اس لئے محسوس ہورہی ہے کہ وہ ایک ایسی شخصیت کے مالک تھے جو ہمہ گیر ہے۔ایسی شخصیت جو نہ صرف ریڈیو سے جڑی ہوئی بلکہ تھیٹر، ٹی۔وی۔اور فلم وغیرہ سے بھی جن کا تعلق تھا۔ایسی پہلودار شخصیت کے بارے میں کچھ کہنا آسان نہیں۔

جب تک میں نے اسلم بھائی کو دیکھا نہیں تھا ان کی آواز کی پرستار تھی۔ اُردو یوا وانی پروگرام ہرصبح وشام اور نیرنگ پروگرام رات 9 بج کر 30 منٹ پر نشر ہوا کرتا تھا۔ پروگرام سن کر اپنی رائے کا اظہار خطوط کے ذریعہ کیا کرتی تھی اور وہ خطوط پروگرام میں شامل ہوا کرتے تھے۔ اُردو پروگرام کے اسٹاف سے میرا غائبانہ تعارف خطوط کے ذریعہ ہو گیا تھا۔

22رفروری 1973ء کو جب میں پہلی بار آکاش وانی دیکھنے اور اُردو سکشن کے اسٹاف سے ملنے گئی تو یہ دیکھ کر میری خوشی کی انتہا نہ رہی جب میں اپنا تعارف نام سے کرواتی تو فوراً میرے محلے کا نام وہ کہتے اور جب کسی سے میں محلہ کا نام لے کر تعارف کرواتی اپنا، تو وہ لوگ میرا نام کہہ اٹھتے۔ مجھے اس وقت ایسا محسوس ہوا کہ نصرت اور نیو ملے پلی اک ہی سکے کے دو رُخ ہیں۔ اس دور میں اتنی چھوٹی چھوٹی باتیں بھی ہمیں بہت خوشیاں عطا کرتیں۔ مجھے آٹوگراف لینے کی بھی عادت تھی، جب میں نے اپنی آٹوگراف بک اسلم بھائی کی طرف بڑھائی تو انہوں نے یہ شعر لکھا اور دستخط کیے۔

یوں تو ہر شخص نظر آتا ہے انسان مجھے
لیکن انسان کی پہچان کہاں سے لاؤں

پھر ہم اسلم بھائی سے آہستہ آہستہ اپنی پہچان پختہ کرواتے گئے۔ ہم اس بات کو بڑے فخر سے اپنے ساتھیوں سے کہا کرتے کہ اسلم بھائی اور جلیس بھائی ہمارے ہی محلے میں رہتے ہیں۔اسکول جاتے ہوئے آج وہ ہمیں دکھائی دیئے وغیرہ وغیرہ۔

جب راکھی کا تہوار آیا تو ہمیں خیال ہوا کہ راکھی باندھنے آکاش وانی جائیں۔ دراصل ہم آکاش وانی جانے کے بہانے ڈھونڈا کرتے تھے۔ جلیس بھائی، اسلم بھائی، روپ لعل بھیا اور موہن سنہا بھیا وغیرہ کو ہم نے نہایت ہی عقیدت اور معصوم جذبوں کے ساتھ راکھی باندھی۔اس طرح اسلم بھائی سے میرے خلوص وعقیدت کا رشتہ اور مضبوط ہوا۔ پھر جب کبھی راکھی کا تہوار آتا وہ ضرور مجھے یاد کرتے اور راکھی بندھواتے ہوئے کہتے" میں نے گھر میں کہا تھا کہ آج آکاش وانی نصرت ضرور راکھی باندھنے آئے گی"۔اور ہم یہ سن کر اس رشتہ کی گہرائیوں کو پہچانتے۔

''چھوٹی چھوٹی باتیں'' عنوان کے تحت اک موضوعاتی خاکہ ہر رات نیرنگ پروگرام میں نشر ہوا کرتا تھا، جس کو جلیس بھائی تحریر کیا کرتے۔ اس میں چار کردار تھے۔ چاند بھائی (احمد جلیس)، لالہ بھائی (اسلم فرشوری)، فاطمہ بی افشاں جبیں) اور محبوب بھائی (جعفر علی خاں)۔ ہر روز الگ الگ موضوع پر دس منٹ کا یہ حیدرآبادی زبان میں معلوماتی واخلاقی باتوں پر مشتمل پروگرام ہوا کرتا جو چائے کی فرمائش پر قہقہوں کے درمیان اختتام پذیر ہوتا۔ اک بار آکاش وانی کے اسٹوڈیو میں ہم نے اس کی ریکارڈنگ دیکھی، بس مزہ آگیا۔ اس طرح یہ ریکارڈ کرواتے کہ مانو دیوان خانے میں بیٹھے چائے سپ کرتے ہوئے گپ شپ کرر ہے ہوں۔ لگتا ہی نہیں تھا کہ یہ لوگ سنجیدہ ہیں، اتنی آسانی سے بغیر اسکرپٹ کے دیکھتے ہی دیکھتے پروگرام ریکارڈ ہو جاتا کہ بس۔

جب میں ایم۔ اے۔ کے بعد 1983ء میں کیوول پرودکشن اسسٹنٹ کی ٹریننگ لینی شروع کی تب اسلم بھائی کو قریب سے سمجھنے اور ان کے کام کرنے کے انداز کو دیکھنے کا موقع ملا۔ کسی کا انٹرویو لینا ہو تو فوراً تیار، سوالات اک کے بعد اک موتیوں کی لڑی کی طرح کرتے جاتے۔ ایک بار یوا وانی پروگرام کیلئے گلوکارہ اوشا جینتی کا انٹرویو ریکارڈ کرنا تھا، اچانک اسلم بھائی نے کہا ''نصرت آپ انٹرویو لے لو''۔ ابھی میں سیکھنے کے دور میں تھی پہلے سے تیار بھی نہیں تھی، مگر انہوں نے میری پریشانی دور کردی اور انٹرویو لینے کے گر اس طرح سکھائے کہ پھر کوئی مشکل نہ رہی۔

میں ایم۔ فل تھیس کے سلسلے میں گلبرگہ سے اکثر میکہ حیدرآباد جایا کرتی تھی۔ جب ستمبر 1987ء میں وہاں گئی تو پہلی فرصت میں آکاواش وانی پہونچ گئی۔ اسلم بھائی نے پہلا سوال کیا ''کیا وہاں بھی نیرنگ پروگرام سنتی ہو''۔ پھر انہوں نے میرا ایک انٹرویو ریڈیو پروگرام کیلئے لیا۔ اُردو پروگرام کے قدیم پرستاروں کو ملوانے کا اس وقت اک سلسلہ وار پروگرام شروع کیا گیا تھا۔ اس پروگرام میں انہوں نے میرے ذوق وشوق اور مشغلوں پر، خوشگوار ماحول میں گفتگو اس طرح کی کہ بیس منٹ کا پروگرام بیس سکنڈ کی طرح ختم ہوگیا۔ سنے گئے اردو پروگرام کا اک ضخیم ریکارڈ تحریری طور پر میرے پاس تھا، جس سے اسلم بھائی جلیس بھائی اور افشاں جبیں بہت متاثر ہوئے تھے۔ جو ایم فِل اور پی ایچ ڈی (M.Phil, Ph.D) مقالے کے سلسلے میں دوسروں کیلئے مددگار بھی ثابت ہوا، جس کی مجھے خوشی ہے۔

اسلم فرشوری صاحب نے بہت سے ریڈیو ڈراموں میں اپنی آواز کے جوہر دکھائے اور ریڈیو کیلئے بہت سے اچھے پروگرام دیئے۔ جیسا کہ میں نے پہلے کہا اسلم بھائی کی شخصیت کے مختلف پہلو ہیں۔ ہر پہلو اپنی جگہ انگوٹھی میں نگینہ کی طرح جڑا ہوا ہے۔

اُتر پردیش کے ضلع بدایوں میں آپ کی ولادت 8/ جولائی 1949ء میں ہوئی۔ آپ کی شادی 1975ء میں بدایوں ہی میں شبینہ انجم نامی لڑکی سے خاندان میں ہی ہوئی، جو خود بھی ایک ادیبہ ہیں اور شبینہ فرشوری کے نام سے لکھا کرتی ہیں۔ آپ کے چار فرزندان احسان فرشوری، فراز فرشوری، سلمان فرشوری، ارمان فرشوری، اور ایک دختر نبیلہ اسلم شامل ہیں۔ شاعر حیرت بدایونی کے فرزند جناب احمد جلیس اور مشہور افسانہ نگار جیلانی بانو صاحبہ سے آپ کی قریبی رشتہ داری ہے۔ اسلم فرشوری صاحب نے 8 سال کی عمر میں اظہر افسر کے لکھے ڈرامہ ''ندی کا بھوت'' میں کام کیا۔ جس کے ڈائرکٹر (Director) موہن سنہا تھے۔ ٹی۔ وی۔ کیلئے مختلف ڈراموں اور سیریل میں کام کیا۔ مثلاً فرمان، کہکشاں، یکتا، نغمہ کا سفر، منزلیں پیار کی اور دیا ساگر وغیرہ وغیرہ۔ سب ہی سیریل اور ڈراموں میں آپ نے مختلف کردار بحسن وخوبی نبھائے۔ 1990ء میں آپ کا ٹرانسفر ٹی۔ وی سنٹر کیلئے ہوا، مگر آپ نے آکاش وانی سے منسلک رہنا پسند کیا۔ آپ کو فلموں

میں بھی دخل ہے۔ سبھاش گھئی اور شیام بنیگل کے اسسٹنٹ رہے۔ منڈی انکور، ڈکھ سکھ وغیرہ فلموں میں بھی کام کیا۔ ان سب پہلوؤں سے ہٹ کر اسلم بھائی اپنے آپ کو بنیادی طور پر تھیٹر کا آدمی سمجھتے تھے۔

چار سَو سالہ جشنِ حیدرآباد کے سلسلے میں قطب شاہی گنبدوں میں سَو دیڑھ سَو فنکاروں کو لے کر ڈرامہ پیش کیا۔ مہاراجہ کرشن پرشاد شاد کی دیوڑھی کے مشاعرہ کو بھی تمثیلی انداز میں پیش کر کے اس وقت کی ادبی تاریخ میں سانس لیتے ہوئے شعراء کو اسٹیج کی کھلی ہوا عطا کی اور انہیں جاوداں بنادیا۔

تلگو ساہتیہ اکیڈیمی نے اُردو ڈراموں کیلئے آپ کو اعزاز سے نوازا۔ مختلف تہذیبی و ثقافتی اداروں سے آپ منسلک رہے۔ چند اک کے نام یہ ہیں۔ فائن آرٹس اکیڈیمی، زندان دالان حیدرآباد، سرورڈنڈا میموریل سوسائٹی، آندھراپردیش اُردو اکیڈیمی، ادارۂ ادبیات اردو، نمائش سوسائٹی حیدرآباد، گولکنڈہ سوسائٹی، فرینڈس آف گولکنڈہ اکیڈیمی، میڈیا جرنلسٹ گروپ آف آندھراپردیش، ترقی اردو سوسائٹی اور تہذیبی و ثقافتی اُمور حکومت آندھراپردیش وغیرہ وغیرہ۔

یہ ان کی سخت محنت لگن اور جستجو و شوق کا کمال ہی تو ہے کہ وہ ہرفن میں یکتا تھے۔ نہایت ہمدرد مخلص اور پُرگو شخصیت کے مالک، ہراک ساتھی کے دکھ سکھ میں شریک رہتے، اپنے ساتھیوں کے ساتھ خوب گھل مل کر بات چیت کرتے، بزرگوں سے نہایت ادب سے ملتے، حالاتِ حاضرہ پر گہری نظر رکھتے، ہراک کو اس کی قابلیت کے لحاظ سے موقع دیتے، ہر وقت کچھ نہ کچھ کام کرتے رہتے، دوسروں کی کوئی بات پسند آجائے تو کھل کر تعریف کرتے، بات سے بات خوب پیدا کرتے، ہمیشہ فنکاروں کے درمیان گھرے رہتے، کوئی کام ان کیلئے بڑا نہیں، کوئی مسئلہ، مسئلہ نہیں۔ سمندر سے موتی نکالنا، آئینہ چمکانا، صیقل گری کرنا اور اپنے پروگرام کے لحاظ سے فنکاروں میں مطلوبہ خوبی ڈھونڈنا آپ ہی کا کام تھا۔

1999ء جب یہاں AIR گلبرگہ کے گلشن کا کاروبار چلانے تہذیب وتمدن کے شہر حیدرآباد سے آپ تشریف لائے تو ہماری خوشی کا کوئی ٹھکانا نہیں رہا۔ گلبرگہ آنے کی خبر سن کر ہی ہمیں یوں محسوس ہوا تھا جیسے آپ اپنے ہمراہ حیدرآباد لئے آرہے ہوں۔

چونکہ میں حیدرآباد کے آکاش وانی میں بطور کیو ول پروڈکشن اسسٹنٹ کام کرچکی تھی، یہاں گلبرگہ میں بھی 1989ء میں اس شعبہ سے جڑ گئی تھی اس وقت جناب حکیم شاکر، جناب پیرزادہ فہیم الدین اور جناب محب کوثر و جناب عظمت اللہ اُردو شعبہ سے منسلک تھے۔ یم۔ بی۔ پاٹل پروگرام اگزیکیٹو آفیسر (Programme Executive Officer) تھے۔ آپ ہی کے تحت ہم کام کرتے تھے، جو بعد میں Station Director AIR ہوئے، پھر پونے کے سرودیہ صاحب، یس۔ یس۔ بنگیری صاحب، مدراس کی محترمہ زرینہ بیگم اور پھر منگل گٹی صاحب پروگرام اگزیکیٹو آفیسرز اُردو شعبہ کے ذمہ دار تھے۔ اس طویل عرصہ میں کوئی اردو شعبہ کو اہلِ زبان نصیب نہیں ہوا۔ جب اسلم فرشوری صاحب کے تقرر کی اطلاع ہوئی تو اردوداں طبقہ میں خوشی کی لہر دوڑ گئی۔

آکاش وانی گلبرگہ میں جس وقت سارے اسٹاف کا تعارف ہورہا تھا تب اسلم بھائی نے میرے تعلق سے نہایت خوشی سے کہا کہ ''یہ میری بچی جیسی ہے'' اور پھر میں اپنے آپ کو اسکول کی بچی ہی کی طرح اسلم بھائی کے نام کام اور شخصیت کے سحر میں کھویا ہوا پایا۔

اسلم بھائی بزرگانِ دین سے بڑی عقیدت رکھتے تھے۔ درگاہ حضرت خواجہ بندہ نواز گیسودراز رحمۃ اللہ علیہ کی زیارت کا شرف حاصل کرتے تھے۔ یہاں بھی آپ کے دوست واحباب

اور مداحوں کا حلقہ وسیع تھا، جن میں خاص طور پر معروف شاعر جناب محبّ کوثر مرحوم، کہنہ مشق شاعر و صحافی حامد اکمل صاحب اور انجمن ترقی اردو ہند شاخ گلبرگہ کے صدر ڈاکٹر فہیم الدین پیرزادہ صاحب شامل ہیں۔ آپ سے قبل یہاں احمد جلیس بھائی اور امتیاز علی تاج بھی آچکے تھے۔

کام و دہن کی بات کریں تو یہاں کی تہاری، بُھنا ہوا گوشت، جوار کی روٹی اور ماموں پوری (ماوا پوری) انہیں مرغوب تھی۔ سوجی کا حلوہ بھی بہت پسندیدہ تھا۔ بول چال میں استعمال ہونے والے کنڑ (Kannada) زبان کے الفاظ اُنہیں بہت جلد ازبر ہوگئے تھے۔ یہاں انہوں نے کم وقت گذارا، ہمیں ایسا محسوس ہوا جیسے اک خوشگوار جھونکا ہوا کا آیا اور سب کو معطر کر گیا۔

یہیں سے پھر انہوں نے والینٹری ریٹائرمنٹ (Voluntary Retirement) لے کر E.TV اُردو جوائن کیا۔ وہاں بھی انہوں نے اُردو سے جڑے فنکاروں کو خوب نکھارا، موقع دیا اور ہمت افزائی کی۔ ریڈیو پروگرام میں بس آواز ہی کے زریعہ سارے احساسات و جذبات کا اظہار ہوتا ہے۔ سامعین کو سَر تا پا کان بننا پڑتا ہے۔ صوتی آہنگ (Sound Effects) سے ہی تصورات کی دنیا میں سب کچھ دیکھنا ہوتا ہے، جب کہ T.V میں آواز کے ساتھ ڈائیلاگ کو مختلف اشاروں کنایوں میں بھی کہنا پڑتا ہے، جس سے ناظرین کو ہمہ وقت کان اور آنکھ سے کام لینا پڑتا ہے۔ اسلم بھائی میں ہر فن کی خوبیاں موجود تھیں۔

9ر جنوری 2025ء بروز جمعرات فجر کی نماز، تلاوت قرآن پاک، دعا و اذکار کے بعد ہمیشہ موبائیل کی طرف میرا ہاتھ بڑھتا ہے، پتہ نہیں اس دن کیا ہوا کہ موبائیل کو میں نے ہاتھ بھی نہیں لگایا اور جب ہاتھ میں لیا تو اس وقت دَس بج رہے تھے۔ ہمیشہ کی طرح سب سے پہلے شبینہ بھابی کا Status دیکھنا چاہا، موجود نہیں تھا۔ پھر میں نے WhatsApp کھولا تو ڈاکٹر فہیم الدین پیرزادہ کا Message نظروں کے سامنے تھا۔ فوراً پڑھا تو سدھ بدھ کھوگئی۔ اسلم بھائی کے انتقال کی اندوہناک خبر تھی، اُن کا تبسم ریز چہرہ نظروں کے سامنے آگیا۔ بھرپور زندگی گذارنے والی ایسی باغ و بہار شخصیت کا یوں اٹھ جانا اردو دنیا میں ایک بڑا خلا پیدا کر گیا۔ بیک وقت تھیٹر، فلم، ریڈیو، T.V، ادبی محفلوں کی جان اور مشاعروں کے ناظم کی خصوصیات کے ساتھ ساتھ شاعر کا نرم و گداز اور حساس دل بھی پہلو میں رکھنے والی ایسی شخصیت کو اب کہاں ڈھونڈیں۔ ایسا کہاں سے لائیں کہ تجھ سا کہیں جسے۔

کچھ عرصہ سے وہ علیل بھی تھے۔ ڈسمبر 2024ء کے ابتدائی دنوں میں اسلم بھائی کا کامیاب آپریشن بھی ہوا، Pace-maker ڈالا گیا۔ شبینہ بھابی سے جب یہ معلوم ہوا تو دل کو اطمینان حاصل ہوا کہ اس دنیا کی آب و ہوا میں وہ ہم سب ہی کے ساتھ سانس تو لیں گے۔ وہ ہم سب ہی کے درمیان تو رہیں گے، مگر یہ خبر نہیں تھی کہ اِس اور اُس دنیا کے درمیان اک ہچکی کا ہی فاصلہ تھا۔ اِس اک آخری ہچکی میں وہ اِس دنیا سے الگ ہوجائیں گے، ایسے جدا ہوجائیں گے کہ پھر اِس دنیا میں پلٹیں گے بھی نہیں، خبر نہ تھی۔ زندگی کے ہر میدان کے شہسوار نے موت کے اس لمبے فاصلے کو بھی بس دیکھتے ہی دیکھتے ایک جست میں طے کرلیا۔

"اُلجھے دامن کو چھڑاتے نہیں جھٹکا دے کر"

اناللہ وانا الیہ راجعون۔ دستور خداوندی ہے کہ جو آیا سو اُسے دیر یا سویر جانا بھی ہوگا۔ راضی بارضا رہنا ہی اصل بندگی ہے۔ اللہ تعالیٰ مرحوم کو غریق رحمت کرے، مغفرت کرے اور متعلقین کو صبر جمیل عطا کرے۔ جنت کے باغات میں سے مرحوم کے مرقد کو ایک باغ بنائے۔ آمین۔

☆☆☆

محمد نصر اللہ خان۔ حیدرآباد

جناب اسلم فرشوری

ٹی وی اور ریڈیو کے ذریعہ اردو زبان وادب کی نمایاں خدمات

جناب اسلم فرشوری کا نام ہمارے ذہن میں اس وقت سے ہے جب کہ ہم طالب علمی کے دور سے گزر رہے تھے۔ ہم میں اس بات کی خواہش پیدا ہو رہی تھی کہ کاش ہم میں بھی قلمی صلاحیت پیدا ہو جس کے لیے روزانہ لائبریری جانا ہوتا اور اخبارات ومیگزین کے مطالعہ کے ساتھ ریڈیو سننے کا شوق پیدا ہوا تو ان دنوں آل انڈیا ریڈیو حیدرآباد پر جہاں مختلف اردو پروگرام آتے وہیں تفریحی پروگرام چھوٹی چھوٹی باتیں بھی پیش ہوا کرتی جس کے وقت کا ہمیں روزانہ سختی سے انتظار رہتا اس لیے کہ ان چھوٹی چھوٹی باتوں کا پروگرام حالات حاضرہ سے میل کھاتا ہوا ہوتا جسے ریڈیو پر ہم پہلی بار سنا تو بے حد پسند آیا اس لیے پروگرام کے اختتام تک اس کو پابندی سے سنا کرتے جس میں جناب اسلم فرشوری صاحب کا کردار لالہ بھاء کے توسط سے بڑا اہمیت کا حامل ہوا کرتا بہ ظاہر یہ ایک چھوٹا سا ڈرامہ تھا جو حالات حاضرہ کو لیے ہوئے دلچسپ ہوا کرتا جس کو سننا بار بار دل کرتا مگر اس کا وقت اتنا کم تھا کہ یہ پروگرام دیکھتے ہی دیکھتے ختم ہو جاتا۔ اس میں افشاں جبیں کا کردار فاطمہ بی بڑا اہم رہا کرتا جو اتنے دن گزر جانے کے باوجود لوگوں کے ذہنوں میں ابھی بھی تازہ ہے۔

جناب اسلم فرشوری کی شخصیت ایک ہمہ جہت پہلو کو لیے ہوئے تھی وہ ایک کہنہ مشق صحافی کے ساتھ جو طلباء صحافتی میدان میں دلچسپی ی لے کر گریجویشن کرنا چاہتے ہیں ان کے لیے تدریسی خدمات انجام دی تاکہ ٹی وی اور مختلف چیانلس کے ذریعہ خبروں کے ساتھ حالات سے عوام کو باخبر کیا جائے۔ کئی شخصیتیں اس دنیا میں پیدا ہوتی ہیں جو اپنے عمل کردار و قابلیت کی بنیاد پر ایسی خدمات انجام دیتے ہیں جس کو ان کے گزر جانے کے بعد لوگ یاد رکھتے ہیں۔ اس طرح انھوں نے اپنے آپ کو صرف کہنہ مشق صحافی کی حیثیت سے متعارف نہیں کرایا بلکہ اپنے نام و پیشہ کو باقی و برقرار رکھنے کے لیے سخت محنت کی اور اپنے کردار مزاج واخلاق اور کام کی وجہ سے دوسروں پر اپنا اثر چھوڑا۔

جناب اسلم فرشوری نے کبھی بھی نام کو نہیں دیکھا ان کے پیش نظر جو بھی کام رہا اس کو کر دکھایا غرض کہ صحافی ہو براڈ کاسٹر یا ڈرامہ نگار یا ادا کار انھوں نے اپنا نام کو کافی روشن کیا۔ جناب اسلم فرشوری نے کبھی نام ونمود کی پرواہ نہ کی بلکہ عزم مصمم سے ہر مرحلہ پر مردانہ وار مقابلہ کیا۔ ان دنوں کی بات ہے جب کہ وہ آل انڈیا ریڈیو حیدرآباد پر مختلف ڈراموں میں اپنے کردار کے ذریعہ جان پیدا کرتے ہوئے شناخت بنایا کرتے۔ ان دنوں جناب وسیم اختر جو اردو خبریں پڑھا کرتے ان کی آواز میں ایک قسم کا جادو تھا وہ خبریں پڑھتے تو ایسا لگتا کہ خبریں دل میں اترتے ہوئے گہرا اثر مرتب کر رہی ہیں اس طرح اس دور میں ریڈیو کی دنیا سے بہت سارے لوگ وابستہ ہوئے اور نت نئے پروگرام پیش کرتے ہوئے دلجوئی سے کام انجام دیا کرتے۔ ان کی شریک حیات

شبینہ فرشوری نے بھی اردو ادب کے فروغ میں جو خدمات انجام دے رہی ہے اسے بھلایا نہیں جا سکتا جنھوں نے بھی اپنے شوہر کے کاندھے سے کاندھا ملا کر زبان و ادب کی خدمت میں کوئی کسر باقی نہ رکھا اس طرح جناب اسلم فرشوری کا خاندان جو حسرت موہانی سے جاملتا ہے ان خاندان کے تمام ستارون نے اردو زبان کے فروغ اور اس کی ترقی دینے کے لیے جو خدمت کی جسے بھلایا نہیں جا سکتا جس میں ڈاکٹر انور معظم اور محترمہ جیلانی بانو کا نام سرفہرست آتا ہے۔ جنھوں نے دن ورات محنت کی اور اپنا ایک مقام پیدا کیا۔ بتایا جاتا ہے کہ جناب اسلم فرشوری حیدر باد یونیوسٹی میں شعبہ جرنلزم سے وابستہ ہوے اسوقت وہ طلباء سے بڑے ہی سادگی وملنساری کا مظاہرہ کیا کرتے اور طلباء کے سوالات کا تشفی بخش جواب دیتے۔ جب تک انوار العلوم کالج سے وابستے رہے وہاں رہ کر انھوں نے اپنے کردار کے زریعہ کالج کا نام روشن کیا اور ان کے کالج کے ساتھی سرکاری اور غیر سرکاری ملازمتوں کے علاوہ خانگی کمپنیوں اور بیرونی ممالک میں آعلی عہدوں پر فائز ہیں۔ جناب اسلم فرشوری اپنے کیریر کا آغاز نوعمری میں آل انڈیا ریڈیو حیدرآباد سے عارضی اناونسر کی حیثیت سیکیا ان دنون علیحدہ تلنگانہ تحریک کا زور وشور چاروں طرف تھا بلکہ لوگ اس تحریک میں شامل ہو کر اپنی پہچان بنانا چاہتے تھے اسوقت انھوں نے علحدہ تلنگانہ تحریک میں شامل ہو گے اور اس تحریک میں مستعدی سے کام انجام دیے جس کا اثر یہ ہوا کہ حالیہ علحدہ تلنگانہ تحریک میں بھی انھوں تمام کے ساتھ شانہ بہ شانہ کام کیا۔ آل انڈیا پروڈیوسر کی حیثیت سے اور چھوٹی چھوٹی باتوں میں لالہ بھاء کے کردار کو آج بھی یاد کیا جاتس ہے جو اہمیت کا رہا جس کو انھوں نے بہ حسن خوبی نبھایا۔ جناب اسلم صاحب سے کوئی کسی موضوع پر گفتگو کرتا تو وہ مکمل ومدلل جواب دیا کرتے انھوں نے لوگوں سے صرف رسمی طور پر ملاقات نہیں کی بلکہ دل کی گہراء کو لیے حسن وظن اور ملنساری سے پیش آتے بات کرنے کا انداز پیارا تھا ایسا لگتا کہ وہ برسوں س جانتے ہیں۔ جب بھی میں ملتا تو خان کہہ کر مخاطب کرتے تو ان کی آواز ہی ملنساری کا پتہ دیتی تھی اور ملاقات کے دوران استاد محترم الحاج ذبیح اللہ بیگ جنھوں صحافت میں ایک نمایاں مقام پیدا کیا یاد کرتے اس لیے مولوی صاحب نے پیشہ صحافت ک خیر آباد کہہ کر مدینہ منورہ کو اپنا مسکن بنالیا تھا کہتے کہ نصر عمرہ و زیارت نبوی صلی علیہ وسلم سے مشرف ہونے جارہا ہوں ذبیح اللہ صاحب سے ضرور مدینہ میں ملاقات کروں گا جس کا تزکرہ انھوں نے عمرہ و مدینہ منورہ کی زیارت سے واپسی پر کیا۔۔۔ ان کے اخلاق و کردار کا یہ عالم تھا کہ ان کے دوست زیادہ دشمن کم ہی نظر آتے جب بھی عید وتہوار آتے سب کا پاس ولحاظ رکھا کرتے اور ہر ایک سے چاہے جونیر وسینیر ان کی ملاقات یادگار رہا کرتی۔ وہ اپنی تمام تر مصروفیات کے ساتھ اردو شاعری کے میدان کا انتخاب کیا اور اس میں مہارت و کمال حاصل کیا چنانچہ شہر میں ہونے والے نعتیہ اور غزل کے مشاعروں می شریک ہو کر اپنے کلام کو بڑے ہی خوش اسلوبی کے ساتھ پیش کیا کرتے جن کمپوش کرنے کا انداز جداگانہ اور نعت کے لکھنے کی باریکیوں سے وہ خوب واقف تھے یہی وجہ ہے کہ جناب اسلم نے نعتیہ ہوں یا دیگر مشاعرے چاہے کل ہند ہو یا شہر کے اپنی نظامت کا سکہ جمایا خصوصیت کے ساتھ مجلس اتحاد المسلمین کے زیر اہتمام دار السلام میں منعقدہ نعتیہ مشاعرہ میں ان کی نظامت کا جواب نہیں تھا۔ اللہ ان کی مغفرت فرمائے اور ان کے درجات کو بلند کرے۔ انتقال کی خبر جب جنگل کی آگ کی طرح شہر و ریاست اور ملک و بیرونی ممالک کے کونے کونے میں پہنچی تو فون پر تعزیت دینے والوں کا ایک لامتناہی سلسلہ رہا جسے محترمہ شبینہ فرشوری نے بتایا کہ انتقال کی اطلاع سن کر جنھون نے گھر پہنچ کر خواتین تنظیموں وانجمنوں نے پرسہ دیا اور جناب اسلم فرشوری کے حق میں دعاے مغفرت کی ان تمام کا شکریہ ادا کیا ہے۔ اللہ سے دعا ہے جناب اسلم فرشوری کی مغفرت فرمائے اور ان کے درجات کو بلند کرے۔ آمین۔

محسن خان۔حیدرآباد

حیدرآباددکن کے مشاعروں کی گرجدار آواز خاموش ہوگئی

9 جنوری 2025، بروز جمعرات کو حیدرآباد دکن کے مشاعروں کی گرجدار آواز در تاریخ ساز شخصیت اسلم فرشوری نے 76 سال کی عمر میں اس دنیا کو الوداع کہہ دیا۔ جمعرات کا اس دن اس بھی اہم ہے کہ وہ ہر جمعرات کو پابندی سے درگاہ یوسفینؒ جاتے تھے۔ وہ سن سٹی سے پابندی سے ناملی درگاہ یوسفینؒ بڑی عقیدت کے ساتھ جاتے تھے۔ ہائی وے روڈ ہونے کے سبب وہ کئی مرتبہ حادثوں کا شکار بھی ہوئے۔ پچھلے ایک سال سے وہ شدید بیمار ہونے کے سبب مکمل طور پر بیڈ پر تھے اور کہیں نہیں جا رہے تھے۔ آج جمعرات کے دن ہی ان کی درگاہ یوسفینؒ کے احاطہ میں تدفین عمل میں آئے گی۔

پچھلے چند سالوں سے ہر ادبی محفل میں ان کی کمی شدید محسوس کی جاتی رہی ہے۔ میں چونکہ اسلم فرشوری صاحب سے بہت قریب تھا تو ہر اجلاس و مشاعرہ میں لوگ ان کے بارے میں پابندی سے مجھ سے دریافت کرتے تھے۔ دارالسلام کے کل ہند نعتیہ مشاعرہ میں ان کی نظامت کی تعریف ساری دنیا میں کی جاتی ہے۔ دارالسلام کے مشاعرہ میں ان کی نظامت کا انداز ہی الگ تھا۔ دارالسلام کے مشاعرہ کو قومی و بین الاقوامی سطح پر مقبول کرنے میں ان کا کافی اہم کردار رہا۔ فروغ اردو میں ای ٹی وی نے جو اہم کردار ادا کیا ہے اس سے سبھی لوگ واقف ہیں۔ حیدرآباد میں اس چینل کو لانچ کرنے میں اسلم فرشوری کا اہم کردار تھا۔ جس کے سبب ہزاروں جرنلزم کے طلبہ کو یہاں پر ملازمت حاصل ہوئی۔

اسلم فرشوری کی پیدائش 8 جولائی 1951 کو ہوئی۔ انہیں ان کے دوست پیار سے لالہ بھائی کہتے تھے۔ 1971 میں انوار العلوم کالج سے گریجویشن کیا۔ مسلسل تین سال تک طلبہ یونین کے صدر اور جنرل سکریٹری کی حیثیت سے طلبہ تحریک میں کافی متحرک رہے۔ 1968 سے تین سال تک آل انڈیا انٹر کالج ڈیبیٹنگ مقابلے میں عثمانیہ یونیورسٹی کی نمائندگی کی اور انعامات حاصل کیے۔ 69-1968 وہ کالج میگزین کے ایڈیٹر تھے۔ N.C.C میں اعلیٰ ترین سرٹیفکیٹ یعنی B&C حاصل کیا۔ اس کے بعد انہوں نے عثمانیہ یونیورسٹی سے ایم اے کیا۔ انہوں نے 1969 میں تلنگانہ تحریک میں بڑھ چڑھ کر حصہ لیا تھا۔ ان کے خلاف گرفتاری وارنٹ بھی جاری ہوا تھا۔

ریڈیو اور ٹی وی پر اینکرنگ میں انہوں نے بہت نام کمایا ہے۔ اسلم فرشوری کی اسٹیج اور ریڈیو کی زندگی چھ سال کی عمر میں شروع ہوئی۔ وہ 1955 میں آل انڈیا ریڈیو، حیدرآباد سے جڑ گئے اور 1974 میں مستقل اسٹاف آرٹسٹ بن گئے۔ جیسے جیسے سال گزرتے گئے وہ A.I.R، حیدرآباد میں اردو کے پروگرام ایگزیکٹو بن گئے۔ گلبرگہ ٹرانسفر ہونے اور وہاں دو سال کام کرنے کے بعد، وہ رضاکارانہ طور پر A.I.R سے سبکدوش ہوگئے۔ سال 2000 میں بطور چینل ہیڈ ETV اردو جوائن کیا اور ان کی نگرانی میں چینل کا آغاز ہوا۔ انہوں نے ای ٹی وی اردو چھوڑ کر سال 2003 میں لندن کی ایک کمپنی آئی کے ایونٹس اینڈ میڈیا مینجمنٹ میں شمولیت اختیار کی۔

وہ آندھرا پردیش کی فائن آرٹس اکیڈمی اور انجمن فلکاران دکن کے صدر تھے۔ اس کے علاوہ وہ کئی ادبی وسماجی تنظیموں سے بھی وابستہ رہے۔ وہ روزنامہ انگارہ کے مینجنگ ڈائرکٹر بھی رہے۔ اسلم فرشوری نے ''چھوٹی چھوٹی باتیں'' اور ''مرزاجی کا دیوان خانہ'' ڈراموں سے اردو دنیا میں مقبولیت حاصل کی۔ ان ریڈیو شوز کی ریٹنگ ان دنوں کے بیشتر ٹی وی شوز سے زیادہ تھی۔ لوگ ڈرامہ کیلئے ریڈیو اپنے ساتھ لیکر چلتے تھے۔ اسلم فرشوری آل انڈیا مشاعروں کے لیڈ کمپیئرز میں سے ایک تھے۔ انہوں نے بین الاقوامی مشاعروں کی کمپیئرنگ بھی کی ہے۔ احمد فراز، کیفی اعظمی، بشیر بدر، نواز دیوبندی، ندا فاضلی اور کئی بڑی بڑی شخصیت کی موجودگی میں انہوں نے نظامت کے فرائض انجام دیئے۔ ادبی گھرانے میں پیدا نے والی شخصیت اسلم فرشوری کی اردو میں دلچسپی بہت کم عمری میں شروع ہوگئی تھی کیونکہ انہیں اپنے چچا علامہ حیرت بدیوانی کے گھر میں اردو کے نامور شخصیات کو دیکھتے تھے۔ جس میں جوش ملیح آبادی، فانی بدایونی، آل احمد سرور اور دوسرے کئی نامور شامل ہیں۔

اسلم فرشوری نے فلمی دنیا میں بھی کافی اہم رول ادا کیے۔ انہوں نے نصیر الدین شاہ، شبانہ اعظمی، انوپم کھیر، سمیتا پٹیل ،امریش پوری وغیرہ کے ساتھ فلموں میں کام کیا ہے۔ اسلم فرشوری نے شیام بینیگل کے ساتھ اسسٹنٹ ڈائریکٹر کے طور بھی کام کیا ہے اور ساتھ ہی ساتھ ان کی متعدد فلموں میں بھی کام کیا ہے جن میں منڈی، انکور، ہری بھری اور دیگر شامل ہیں۔ اپنے کیریئر کے آغاز میں انہوں نے سبھاش گھئی، بی آر چوپڑا کو اسسٹ کیا اور ٹاپ رائٹرس کے ساتھ کام کیا۔ اسلم فرشوری نے فلموں کے ساتھ ساتھ تھیٹرس بھی کیا انہوں نے بہت سارے اسٹیج شوز کی ہدایت کاری بھی کی ہے۔ دوردرشن پر انہوں نے فرمان ڈرامہ میں بھی کام کیا تھا۔ اس کے علاوہ مختلف ڈراموں میں بھی وہ نظر آئے۔ وہ دوردرشن کے سپتاگیری چینل پر ڈاکٹر بی آر امبیڈکر یونیورسٹی کے پروگرامس میں جرنلزم، ریڈیو اور ٹی وی عنوانات کے تحت نشر ہونے والے متعلق معلوماتی پروگراموں میں شرکت کرتے تھے۔ انہوں نے سال 2014ء میں آئی ہندی فلم دعوت عشق میں آخری مرتبہ کام کیا تھا۔ جس میں پرنیتی چوپڑا، آدتیہ رائے کپور اور انوپم کھیر نے مرکزی کردار ادا کیا تھا۔ ای ٹی وی میں انہوں کہانیاں ڈرامہ میں عرفان خان کے ساتھ بہترین رول ادا کیا تھا۔ جس میں عرفان خان نے مشہور شاعر مخدوم محی الدین کا رول ادا کیا تھا۔

سال 2014 میں ان کے نعتیہ کلام کا مجموعہ ''رحمۃ للعالمین'' شائع ہوا جس کی رسم اجراء انہوں نے مسجد نبویؐ میں انجام دی۔ پچھلے سال ان کی زوجہ افشاں جبیں (اناؤنسر آل انڈیا ریڈیو) کا انتقال ہوا تھا۔ انہوں نے چھوٹی چھوٹی باتیں ڈرامہ میں فاطمہ بی کا کردار ادا کیا تھا، ساتھ ہی ساتھ اسٹیج، ٹی وی اور فلموں میں بھی اداکاری کی تھی۔ سال 2009 میں مولانا آزاد نیشنل اردو یونیورسٹی نے جب بالی ووڈ کے مشہور ایکٹر دلیپ کمار کو ڈاکٹریٹ کی اعزازی ڈگری عطا کی تھی تو دلیپ کمار نے اپنی طبعیت کی ناسازی کے سبب اسلم فرشوری کو ڈگری حاصل کرنے کیلئے کہا تھا۔

حیدرآباد کے علاوہ ہندوستان کی تمام بڑی بڑی تنظیموں اداروں نے آپ کو ایوارڈس سے نوازا تھا۔ سال 2017ء میں نارتھ امریکن سوسائٹی آف انڈین مسلمس نے امریکہ میں انہیں ایوارڈ دیا۔ حکومت تلنگانہ کی جانب سے یوم تاسیس کے موقع پر انہیں ادب کے زمرہ میں ایوارڈ سے نوازا گیا۔ ذیمرلیس ادبی فورم کی جانب سے انہیں کارنامہ حیات ایوارڈ دیا گیا۔ اردو کی ادبی محفلوں میں ان کی کمی ہمیشہ محسوس کی جائے گی۔

میر کمال الدین علی خان۔حیدرآباد

دل نعت رسول عربیؐ کہنے کو بے چین ہے

حمد و ثناء رب ذوالجلال کے لئے جہاں سزاوار ہے وہاں نعت ہادئی مرسلاں، فخر کون و مکاں، رحمت للعالمین، راحت العاشقین، حضرت محمد مصطفٰے احمد مجتبٰیﷺ کے لئے مختص ہے۔یوں تو نعت گوئی کا سلسلہ ظاہری طور پر گزشتہ تقریباً پندرہ سو برس سے جاری ہے اور تا صبح قیامت برقرار رہے گا۔لیکن لاہور سے شائع شدہ ''ارمغان نعت'' کے مطابق حضور اکرم رحمت دو عالمﷺ کی ظاہری ولادت با سعادت سے ہزاروں سال قبل حضرت سلیمان علیہ السلام نے بھی نعت کہی تھی جو اس مجموعہ''ارمغان نعت'' میں موجود ہے۔اس کے علاوہ اس مجموعہ نعت میں چاروں خلفائے راشدین کی کہی ہوئی نعتیں بھی ملتی ہیں۔

دراصل فن نعت کے ذریعہ حضور سرور کائنات فخر موجوداتﷺ کی بارگاہ ذی وقار میں بصد عجز و احترام نزرانہ عقیدت پیش کرنے کی سعادت حاصل کی جاتی ہے۔حقیقت تع یہ ہے کہ قرآن مجید بھی ایک طرح کی نعت ہے۔چنانچہ اسلم فرشوری نے اپنے نعتیہ مجموعہ کلام میں یوں عرض کیا ہے۔

اللہ کے شہکار کے اذکار کی خوشبو
قرآن میں ہے احمد مختار کی خوشبو

دراصل قرآن مجید کا ہر لفظ نعت ہی ہے جسے ہم نثری نعت بھی کہہ سکتے ہیں۔نعت گوئی میں شاعر قلب مضطرب کے ساتھ بارگاہ رسالت مآبﷺ میں نزرانہ عقیدت پیش کرتا ہے۔چنانچہ اسلم فرشوری نے بھی تحریر کے عالم میں زبان وقلم کے بجائے اپنے مضطرب و بیقرار قلب سے قرطاس پر نذرانہ عقیدت پیش کرنے کی سعادت حاصل کی ہے۔

دل نعت رسول عربیؐ کہنے کو بے چین
عالم ہے تحیر کا زباں ہے نہ قلم ہے

اسلم فرشوری کی شعری کائنات کا مبدا نعت گوئی ہے اور جو نعت گوئی کی سعادت حاصل کرتا ہے وہ یقیناً سرکارؐ دوجہاں کے قدوم کے دھول کی قبرت بھی حاصل کرتا ہے۔کائنات کے کروڑوں نعت گو شعرا میں اسلم فرشوری کا شمار یقیناً اہلیان حیدرآباد کے لئے فخر کی بات ہے اور ہمیں چاہیے کہ ہم اسلم فرشوری کے فن نعت گوئی سے اکتساب فیض حاصل کریں تا کہ ہمارا بھی شمار گدائے افضل الانبیاؑ و سردار اولیاﷺ میں ہو سکے۔

☆☆☆

سید سہیل عظیم۔حیدرآباد

اسلم فرشوری صاحب ہمارے درمیان نہیں رہے

اسلم فرشوری صاحب کے انتقال انتہائی افسوسناک خبر سنتے ہی ویڈیو پروگرام ''چھوٹی چھوٹی باتیں'' کا دور یاد آگیا۔ جو تقریباً ۴۵ سال قبل نیرنگ پروگرام میں رات ساڑے ۹ بجے تھا پونے ۱۰ بجے تک نشر ہوتا تھا۔ جس میں اسلم فرشوری صاحب کا کردار لالہ بھائی کا تھا۔ ان کے دیگر ساتھیوں میں احمد جلیس صاحب، جعفر علی خاں صاحب، اور محترمہ افشاں جبین شامل تھیں۔ بعد ازاں محترمہ افشاں جبین اسلم فرشوری صاحب کی شریک حیات بنیں۔ جن کا حال ہی میں انتقال ہوا۔ ''چھوٹی چھوٹی باتیں'' خاکہ جو حالات حاضرہ ہر نشر ہوا کرتا تھا۔ اس پروگرام کی خاص بات یہ تھی کہ چائے نوشی کے ذکر پر یہ خاکہ اختتام لو پہنچتا تھا۔ ''چھوٹی چھوٹی باتیں'' پروگرام روبندرا بھارتی کے اسٹیج پر بھی منعقد ہوا تھا جو کافی مقبول ہوا۔

اسلم فرشوری صاحب جلسوں اور مشاعروں کے بین الاقوامی شہرت یافتہ ناظم تھے۔ جن کی نظامت کامیابی کی ضمانت ہوتی تھی۔ بزم سرور کونینؐ کے نعتیہ مشاعروں میں وہ پابندی سے شریک ہوتے تھے۔ راقم الحروف کو نظامت میں انکی رہبری حاصل ہوئی۔ ایک مرتبہ مشاعرہ میں نظامت کے دوران اسلم صاحب کی طبیعت ناساز ہوگئی انھوں نے مجھ سے کہا ''سہیل آپ نظامت کر لیجئے ان کے کہنے پر مجھے نظامت کا شرف حاصل ہوا۔ وہ ایک مخلص اور ملنسار شخصیت کے مالک تھے۔ ہر چھوٹے بڑوں کے ساتھ خلوص سے ملتے تھے۔ اسلم فرشوری صاحب کافی شہرت پانے کے باوجود بھی سادگی پسند انسان تھے۔

ان کے قریبی دوست احباب میں شعرا کرام رُوف خلش، غیاث متین، حسن فرخ، علی الدین نوید، ناقد رزاقی، محمود سلیم خوشنویس اور دیگر شامل تھے۔ اسلم صاحب ای ٹی وی چینل سے بھی وابستہ رہ چکے تھے انھوں نے شعرہ سخن میں بھی اپنا نام کمایا۔ مدینے منورہ میں ان کے نعتیہ مجموعہ کلام کی رسم اجراہ عمل میں آئی۔ آخر میں ایک شاعران کی نذر ہے۔

ہم کو بلاوا آگیا حکم خدا سے جب
اپنے بدن کا پنجرا ہمیں چھوڑنا پڑا

اللہ تعالیٰ سے دعا ہے کہ اسلم فرشوری صاحب کے درجات بلند کرے انھیں جنت الفردوس میں اعلیٰ مقام عطا کرے۔ آمین

☆☆☆

محب کوثر۔گلبرگہ شریف

عاشق مصطفے ﷺ اسلم فرشوری

عکس وآواز کی دنیا کا شہنشاہ جس سے میں پچھلے چالیس سالوں سے واقف ہوں، جس کی نظامات میں برسوں سے مشاعرے پڑھنے کا موقع ملا ہے۔جس کی نعتیہ شاعری کا میں برسوں سے سامع اور قاری رہا ہوں۔میرا بہت ہی عزیز ترین دوست ہے۔اسلم فرشوری کی دنیا داری ایک طرف اور نعتیہ شاعری ایک طرف اسلم فرشوری نے نعتوں کے ذریعہ جو محبت اور عقیدت کا اظہار حضور اقدس ﷺ سے کیا ہے وہ واقعی ایک حقیقی عاشق رسول کا حق ہے،نعتیہ شاعری میں اسلم نے جگہ جگہ مدینے سے اپنی وابستگی اور اپنی حاضری بلکہ دوبارہ پر فخر سے سرشار ہو کر شعر کہے ہیں، بجا طور پر انہیں فخر کرنے کا حق حاصل ہے کیوں کہ سرکارؐ مدینہ کی خدمت میں بار بار حاضری دینے کا شرف انہیں حاصل ہورہا ہے جو نہایت خوشی کی بات ہے، یہ شعر دیکھئے:

دل اچھل پڑتا ہے آنکھوں میں چمک آتی ہے
انؐ کے روضے کے جو مینار نظر آتے ہیں

میں گنبد خضرا کے نظاروں میں نہاؤں
مالک تو مرا گھر بھی مدینے میں بنادے

سرکارؐ کی جالی یہ نگاہوں کو جما کر
آنکھوں میں بساؤں گا میں دیدار کی خوشبو

ان کے اس نعتیہ مجموعہ کلام کو پڑھنے کے بعد آپ بھی میری اس بات کے قائل ہوجائیں گے۔کہ اسلم فرشوری جہاں عالمی سطح کے جانے پہچانے مشہور مقبول ناظم مشاعرہ ہیں وہیں وہ ایک باکمال نعت گو شاعر بھی ہیں۔ویسے انہوں نے اردو شاعری کی ہر صنف سخن میں طبع آزمائی کی مگر ان کا نعتیہ کلام ایک سچے عاشق رسولؐ اور دیوانہ سرکارؐ ہونے کا بین ثبوت ہے۔میری دعائیں اور نیک تمنائیں ہمیشہ کی طرح ان کے ساتھ ہیں۔

☆☆☆

ظہور ظہیر آبادی حیدرآباد

نظم

جناب اسلم فرشوری مرحوم کو خراج عقیدت پیش کرتے ہوئے خصوصی شمارہ کے لئے کلام حاضر خدمت ہے

خلوص و محبت کا پیکر تھے اسلم
نئے شاعروں کے وہ رہبر تھے اسلم

نظامت میں ان کا نہیں کوئی ثانی
بہت سیدھے سادھے وہ شاعر تھے اسلم

الگ ہی تھا انداز ان کا ادب میں
کہ سب سے جدا وہ سخنور تھے اسلم

ہے اعلی مقام ان کا شعر و ادب میں
ادب کے شہنشاہ سکندر تھے اسلم

ظہور ان کے جانے سے چھایا اندھیرا
چراغ ادب تھے منور تھے اسلم

اسلم فرشوری۔حیدرآباد

نعت النبی صلی اللہ علیہ وسلم

محبوب کبریا ہے وہ جنت کا پھول ہے
میرا رسولؐ سارے جہاں کا رسول ہے

اقصیٰ میں سب کو ان کی امامت قبول ہے
نبیوں میں سب سے اعلیٰ ہمارا رسولؐ ہے

راہِ رسولؐ پاک سے ہٹنا نہیں قبول
دنیا مجھے جو چاہے سزا دے قبول ہے

جنت تمہاری خدمت شوہر میں ہے نہاں
اے عورتو سنو یہ پیامِ بتولؓ ہے

اے مومنوں تمہارا بھی ویسا اصول ہو
خلفائے راشدین کا جیسا اصول ہے

کہتے ہیں جسکو کہکشاں سارے جہاں کے لوگ
میرے رسولؐ پاک کے قدموں کی دھول ہے

اہلِ قلم محاسبہ ہرگز نہ کرسکے
ذکر حبیب کبریا اس درجہ طول ہے

ہو کاش ایک شعر بھی مقبولِ کبریا
تو نعت پاک کی مری محنت وصول ہے

منکر ہے جو بھی محفلِ میلادِ پاک کا
انسان وہ گلاب نہیں ہے ببول ہے

پڑھتا ہوں میں درود شب وروز اس لئے
میرا عمل یہ میرے نبیؐ کو قبول ہے

جو کوئی اپنے جیسا بشر کہتا ہے انھیں
اس شخص کا یہ خبط ہے یہ اس کی بھول ہے

اُس شخص کو خرید نہ پائیں گے اہلِ زر
دامن میں جن کے آپ کے قدموں کی دھول ہے

اسلم میں لکھ رہا ہوں جو نعت رسولؐ پاک
اشعار کا خدا کی طرف سے نزول ہے

ڈاکٹر نادر المسدوسی (صدر بزم علم وادب)

عثمان شہید ایڈوکیٹ، ڈاکٹر غیاث عارف اور اسلم فرشوری کی خدمات کو خراج عقیدت

بزم علم وادب کے دعائیہ اجتماع وتعزیتی جلسے سے

مقررین کا خطاب اور نعتیہ مشاعرہ

بزم علم وادب کے زیر اہتمام حیدرآباد کی تین نامور شخصیتیں الحاج عثمان شہید ایڈوکیٹ، ڈاکٹر غیاث عارف (نعت گو شاعر) اور اسلم فرشوری (ماہر نشریات، شاعر و ناظم مشاعرہ) کے سانحہ ارتحال پر دعائیہ اجتماع، تعزیتی جلسہ اور نعتیہ مشاعرہ کا انعقاد مسدوسی ہاؤز مغل پورہ میں ڈاکٹر نادر المسدوسی (صدر بزم علم و ادب) کی نگرانی اور پروفیسر مجید بیدار (سابق صدر شعبہ اردو، جامعہ عثمانیہ) کی صدارت میں عمل میں آیا۔ صدر جلسہ پروفیسر مجید بیدار نے اپنے صدارتی خطاب میں کہا کہ الحاج عثمان شہید ایڈوکیٹ نے اپنے پیشہ وکالت میں بہت اعلیٰ مقام حاصل کیا۔ اسی طرح یہ ادب کی دنیا میں بھی ملت کا درد لئے اپنے مضامین کے ذریعہ شعور بیداری اور اپنی تقاریر کے ذریعہ عمل کرنے کا جذبہ پروان چڑھاتے رہے ہیں۔ اسی طرح ڈاکٹر غیاث عارف نے نعت گوئی کے میدان میں نام کمایا اور اپنی آخرت کو بھی سنوارنے کا کام انجام دیا۔ اسلم فرشوری نے ماہر نشریات اور ناظم مشاعرہ کی حیثیت سے سارے ملک میں اپنا نام روشن کیا۔ وہ اچھے شاعر بھی تھے ان کا نعتیہ مجموعہ کلام ''رحمۃ اللعالمینؐ '' کی رسم اجراء بھی مدینہ شریف میں انجام پائی۔ جس پر وہ فخر کیا کرتے تھے۔ صدارتی خطاب کے علاوہ مقررین کرام مولانا حسین شہید، قاضی سراج الدین رضوی، ڈاکٹر جاوید کمال، مجاہد ہاشمی، ستار مجاہد، رحیم اللہ خان نیازی، حلیم بابر، صاحبزادہ میر وقار الدین علی خان، مولانا محمد محامد ہلال اعظمی، محسن خان، ڈاکٹر ناظم علی اور ڈاکٹر فرید الدین صادق نے بھی اس موقع پر خطاب کیا۔ مقررین کا مجموعی تاثر یہ رہا ہے کہ ان تینوں نامور، ممتاز ومقبول شخصیات کے انتقال کر جانے سے اردو دنیا کا نا قابل تلافی نقصان ہوا ہے۔ عثمان شہید ایڈوکیٹ کے مضامین پابندی سے اخبارات

دستگیر نواز - جنرل سکریٹری فاضلہ نیاز ایجوکیشنل سوسائٹی (رجسٹرڈ) حیدرآباد

تاثرات

اسلم فرشوری کو دنیائے ادب، قلم وفن اور نہ جانے کس کس زمرہ میں اور کس کردار میں کئی پہلو سے یاد کرتی رہ جائے گی، وہ ایک ہمہ جہتی شخصیت کے مالک جن کی آواز عالمی سطح پر گونجا کرتی تھی جوأب بظاہر خاموش ہوگئی ہے، لیکن اب بھی کانوں میں گونجتی ہے اور گونجتی رہے گی۔ آل انڈیا ریڈیو کے ایک پروگرام ''چھوٹی چھوٹی باتیں'' سے اپنی ایک منفرد پہچان بنانے والے (لالہ بھائی) اسلم بھائی یعنی اسلم فرشوری اس دنیا سے چلے گئے ہیں، لیکن ان کی انگنت ''چھوٹی چھوٹی باتیں'' گزری ہوئی ملاقاتیں، پروگرامس میں ان کے ساتھ شرکت کی ہوئی رفاقتیں اور نجی ملاقاتیں ان کے جانب سے ملی ہوئی بے لوث اور بے تحاشہ محبت جو کسی کسی کو مقدر سے ملتی ہے، الحمدللہ ملی ہے ان سے۔ ان سب سے جڑی یادوں کا سلسلہ ابھی بھی جاری ہے اور رہ جائے گا، بلاشبہ ان کا اس دنیا فانی سے چلے جانا میرے لئے اپنا ذاتی نقصان ہے۔

خیر جانا تو سبھی کو ہے

دنیا میں سب کو ہونا ہی ہے ایک دن فنا
نہ میں بچوں گا موت سے، نہ ہی کوئی بچا

اسلم فرشوری (اسلم بھائی) کے لئے دعائے مغفرت کرتے ہیں، اللہ تعالیٰ ان کی بخشش فرمائے اور لواحقین کو صبر جمیل عطا کرے۔ (آمین)

میں شائع ہوا کرتے تھے جس میں وہ ملت کو جھنجھوڑتے تھے کہ عملی طور پر مسلمان میدان میں اقدامات کرنے کے لئے تیار ہوجائیں۔ اسی طرح جب یہ تقریر کرتے تو سامعین میں ایمانی روح بیدار ہو جاتی تھی۔ ان کے مضامین پر مشتمل کتابیں ہماری رہنمائی کرتی رہیں گی۔ ڈاکٹر غیاث عارف کے دو نعتیہ شعری مجموعے سبز اجالا اور ارمغان عارف ان کی آخرت کا سودہ ہیں۔

اسلم فرشوری آل انڈیا ریڈیو، دوردرشن اور ای ٹی وی کے ذریعہ اردو زبان اور مختلف اصناف میں اسے پروان چڑھانے میں بڑی خدمات انجام دی ہیں۔ قاضی سراج الدین رضوی اور آخر میں ڈاکٹر نادر المسدوسی نے مرحومین کی مغفرت کے لئے رقت انگیز دعائیں کی۔ مرحومین کے ایصال ثواب کے لئے نعتیہ مشاعرہ کا بھی انعقاد عمل میں آیا۔

حلیم بابر، ڈاکٹر فرید الدین صادق، اکبر خان اکبر، قاری زاہد ہریانوی، ظہور ظہیر آبادی، بصیر خالد، قابل حیدر آبادی، شیخ اسماعیل صابر، سید نوید جعفری، گوئندا کشے، خلش حیدر آبادی، دستگیر نواز اور ڈاکٹر نادر المسدوسی نے نعتیہ کلام سنانے کی سعادت حاصل کی۔ پروگرام کا آغاز ڈاکٹر محامد ہلال اعظمی اور اکبر خان اکبر کی نعت شریف سے ہوا۔ نظامت کے فرائض اکبر خان اکبر نے انجام دیئے۔ آخر میں ڈاکٹر نادر المسدوسی نے شکریہ ادا کیا۔ معصب با مسدوس اور محسن خان نے انتظامات میں حصہ لیا۔

حافظ وقاری ولی محمد زاہدؔ ہریانوی۔ بانی وجنرل سکریٹری بزمِ چراغِ ادب، حیدرآباد۔ تلنگانہ

حیدرآباد کے بین الاقوامی شہرت یافتہ شاعر ناظم مشاعرہ ماہرِ نشریات سابق ای ٹی وی اُردو ہیڈ و چیف پروڈیوسر جناب اسلم فرشوری کے سانحۂ ارتحال پر کہی گئی نظم

تاریخ پیدائش: 8/ جولائی 1949ء بدایوں، یوپی

''فراقِ غم''

تاریخ وفات: 9/ جنوری 2025ء، حیدرآباد

اسلم فرشوری نے بہایا خونِ جگر اُردو کے لئے
مارے مارے پھرتے تھے وہ شام وسحر اُردو کے لئے

اُردو کے وہ مردِ مجاہد اسلم فرشوری بھی گئے
غم میں ڈوبی آئی ہے یہ آج خبر اُردو کے لئے

اُردو کو پروان چڑھانے کو ہی آئے ہوں جیسے
گویا انہوں نے سیکھا ہی تھا علم و ہنر اُردو کے لئے

حمد پڑھی اور نعت سنائی گیت سنایا غزل کہیں
پھرتے تھے وہ دنیا بھر میں اِدھر اُدھر اُردو کے لئے

ماہر تو انگلش کے بھی تھے ہندی کے بھی تھے لیکن
رہتے تھے بے تاب ہمیشہ آپ مگر اُردو کے لئے

''چھوٹی چھوٹی باتیں'' ہی پہچان بنی ہیں اسلم کی
ریڈیو اور ٹی وی پہ رہے ہیں وہ اینکر اُردو کے لئے

ریڈیو اور ٹی وی پہ دکھایا بچپن ہی سے فن ایسا
نسلِ نو پر کھول دی گویا راہ گزر اُردو کے لئے

قافلہ لے کر جب وہ نکلتے ساتھ میں رہتے تھے ہم بھی
گلبرگہ بیجا پور جاتے اور بیدر اُردو کے لئے

دن دیکھا نہ شب دیکھی نہ دھوپ نہ چھاؤں اسلم نے
کرتے رہے بے باک ہمیشہ آپ سفر اُردو کے لئے

کاشانہ پہ اہلِ ادب سب آتے جاتے رہتے تھے
کر رکھا تھا وقف اُنہوں نے اپنا گھر اُردو کے لئے

ای ٹی وی اُردو کے پہلے ہیڈ ہیں اسلم فرشوری
اُنہوں نے دکھلایا اپنا ایسا اثر اُردو کے لئے

راہ میں کچھ لوگوں نے بچھائے تھے جو اے مردِ میداں
اُن کانٹوں پر آپ چلے بے خوف وخطر اُردو کے لئے

کہتے تھے وہ دنیا والو دے دیں گے ہم خوشی خوشی
جان بھی دینی پڑ جاتی ہے ہم کو اگر اُردو کے لئے

مشرق سے مغرب تک خوشبو پھیلائی ہے اُردو کی
واشنگٹن جدہ بھی گئے ہیں اور قطر اُردو کے لئے

ساتھ نہ دیتی تھی صحت بھی لوگ بھی حیراں رہتے تھے
لمبے لمبے کرتے تھے وہ تب بھی سفر اُردو کے لئے

دیتے رہیں گے یہ بھی ہمیشہ آپ کے جیسے شیریں ثمر
ہو گئے رخصت ہم سے لگا کر تم جو شجر اُردو کے لئے

فرقتِ غم میں ڈوبی ہوئی ہیں شبینہ فرشوری بے حد
اب یہ امان، ارمان، فراز، اور سارا گھر اُردو کے لئے

دنیا بھر کی تنظیموں نے اسلم کو ایوارڈ دیئے
اُن پہ نظر بھی رکھتے تھے سب اہلِ نظر اُردو کے لئے

آپ نے خدمت کی ہے جو اُردو کی کچھ تمثیل نہیں
آپ کے جیسا لائیں کہاں سے چارہ گر اُردو کے لئے

ہم بھی زاہدؔ اسلم کی اِس فکر کو جاری رکھیں گے
چاہے دینا کیوں نہ پڑے اب ہم کو سر اُردو کے لئے

محترمہ شبینہ فرشوری زوجہ اسلم فرشوری، حسن سٹی حیدرآباد

اسلم پر ایک مضمون

مجھے کہا گیا کہ اسلم پر ایک مضمون لکھوں، مگر سمجھ میں نہیں آ رہا ہے کہ کہاں سے شروع کروں۔ اس مہینے 20 راپریل کو ہماری شادی کی پچاس ویں سالگرہ ہے۔ زندگی کے اچھے برے دن، جدو جہد کے لمحے، خوشیوں کے پل ہم نے ساتھ ساتھ گزارے۔

1975 میں میری شادی ہوئی اور میں حیدرآباد آئی۔ میرا وطن بدایوں تھا، اور حیدرآباد کا ماحول یوپی سے بالکل مختلف تھا۔ بات چیت، کھانے پینے، رہن سہن، پہننے اوڑھنے کا انداز سب الگ تھا۔ اسی سال اسلم کو آل انڈیا ریڈیو میں مستقل ملازمت ملی۔ ورنہ وہ بچپن سے ہی شوقیہ ریڈیو سے وابستہ تھے۔ ڈرامے وغیرہ کرتے تھے۔ جب نوکری ملی، تو وہ دل سے محنت کر کے ڈرامے لکھتے، ڈائریکٹ کرتے۔ ''نیرنگ'' ایک ادبی پروگرام تھا جس میں شاعری، افسانے، انٹرویوز، ڈھولک کے گیت شامل ہوتے۔ 1999 میں اسلم کا تبادلہ گلبرگہ ہوگیا۔ جس طرح انہیں حیدرآباد میں عزت ملی تھی، ویسی ہی عزت انہیں گلبرگہ میں ملی۔ محب کوثر بھائی کی فیملی نے ایک سال تک اپنے گھر میں رکھا اور کہا کہ جانے نہیں دیں گے۔ انہی دنوں راموجی فلم سٹی وجود میں آ چکی تھی۔ ''ہری بھری'' فلم کی شوٹنگ کے دوران شبانہ اعظمی اور شمع زیدی نے ایک میٹنگ میں اردو چینل شروع کرنے کی بات کی۔ تو راموجی راؤ نے کہا: ''کوئی ایسا نام بتاؤ جو اس چینل کو چلا سکے۔'' اسلم کا نام دیا گیا۔ جب میں نے اسلم کو یہ خوشخبری دی، تو وہ راضی نہ ہوئے کیونکہ ان کی شرط تھی کہ انہیں آل انڈیا ریڈیو چھوڑنا پڑے گا۔ جو وہ نہیں چاہتے تھے۔ بعد میں بہت اصرار پر وہ راضی ہوئے اور پھر انہیں ریڈیو چھوڑنا پڑا، اور ریٹائرمنٹ سے دس سال پہلے وہ ہٹا دیے گئے۔ ETV کا اردو چینل وجود میں آیا۔ اس چینل کو چلانے کے لیے اسلم کو بہت محنت کرنی پڑی۔ انہیں بہت سے ملکوں کا سفر کرنا پڑا۔ ایران سے ایرانی ڈرامے لائے گئے، جنہیں اردو میں ڈب کیا

گیا۔ممبئی، بھوپال، دہلی سے فنکار، نیوز اینکرز، ڈرامہ آرٹسٹس، شاعر، ادیب، گلوکار سب کو شامل کیا۔ایک سال میں یہ چینل بہت ترقی کر چکا تھا۔32 ملکوں میں دیکھا جا رہا تھا۔اسلم کی پہچان ہر جگہ بن چکی تھی۔مگر دوسری زبانوں کے چینل آ جانے سے اردو چینل کو نقصان پہنچا۔اسلم کو کئی بار اسپتال جانا پڑا۔ادھر ریڈیو بھی چھوڑ چکے تھے، اور آخر کار یہ چینل بھی بند ہو گیا۔اردو کے ساتھ یہ رویہ نیا نہیں ہے۔ ہمیشہ سے ہوتا آیا ہے۔اسلم محنتی تھے، کچھ نہ کچھ کرتے رہتے۔اقبال علی خان کے ساتھ ''انگارہ اخبار'' نکالنا شروع کیا۔پھر سے اپنے حیدرآبادی شاعروں، ادیبوں کو جمع کیا۔جب تک بچے اپنی تعلیم مکمل کر چکے تھے۔

الحمدللہ۔تینوں بیٹوں کی شادیاں اپنی پسند سے ہوئیں۔اپنے ہاتھوں سے کی، بیٹی کی سسرال بھی حیدرآبادی ہے اور بہوئیں بھی یہیں کی ہیں۔کورونا جیسی بیماری سے تو بچ گئے، مگر 2021 میں دل کے دورے نے اسٹنٹس ڈالنے پڑے۔اس کے بعد مسلسل بیماری رہی، اور وہ کمزور ہوتے گئے۔2025 شروع ہونے تک وہ بہت کمزور ہو چکے تھے۔9 جنوری کی صبح وہ ہم سب کو چھوڑ کر چلے گئے۔بہت محبت کرنے والے تھے، اپنے ماں باپ، بھائی بہنوں، اور رشتہ داروں سے۔بہترین شاعر، بہترین ناظم مشاعرہ۔اپنے گھر والوں سے محبت کرنے والے شخص، جنہیں ہم کبھی نہیں بھلا سکیں گے۔اللہ اسلم کو جنت میں اعلیٰ مقام عطا فرمائے۔آمین۔

☆☆☆

اسلم فرشوری۔حیدرآباد

غزل

شہر کا شہر پھر خفا ہے کیا
جرم مجھ سے کوئی ہوا ہے کیا

درد آنکھوں سے بہہ گیا ہے کیا
دل میں یادوں کا سلسلہ ہے کیا

راہ چلتے میں چونک اٹھتا ہوں
وہ مجھے چھپ کے دیکھتا ہے کیا

رکھ دیا کیوں ہوا کے رستے میں
زندگی بھی کوئی دیا ہے کیا

خاک میں کیا تلاش کرتے ہو
کچھ تمہارا بھی کھو گیا ہے کیا

آنکھ پرنم ہوئی ہے کیوں اسلم
یاد پھر کوئی آ گیا ہے کیا

ڈاکٹر مختار احمد فردین (صدر آل انڈیا اُردو ماس سوسائٹی فار پیس)

اردو دنیا سے خلوص کا ایک پیکر چلا گیا

ڈاکٹر مختار احمد فردین کا خراج

اردو دنیائے ادب کے لیے افسوس ناک خبر، اسلم فرشوری صاحب ہمارے استاد محترم تھے حیدر آباد یونورسٹی کے جرنلزم میں، نہایت ہی سادگی انکساری اور محبتوں سے پیش آتے تھے اور شاگردوں کے ساتھ کا حسن وسلوک بہت دوستانہ اور اسقدر حوصلہ دیا کرتے تھے کہ آج انکی مثال کہاں سے ڈھونڈ لاؤں، آل انڈیا ریڈیو میں آپ نے ہر ایک طالب علموں کو جگہ دیا کرتے تھے اور آج محبت کرنے والا شخص ہمارے درمیان سے چلا گیا

ممتاز ماہر نشریات وہ ناظم مشاعرہ الحاج اسلم فرشوری صاحب سابقہ ال انڈیا ریڈیو حیدراباد کا انتقال پر ملال پر اردو دنیا جیسے بہت خاموش اور غمزدہ ہے' اسلم فرشوری صاحب اردو دنیا کے دلوں میں بستے تھے اور انکے خدمات کو ہم کبھی نہیں بھلا پائینگے، کہاں سے ڈھونڈ لاؤں کوئی تجھ سا۔۔۔!

اور نصر اللہ خان نے اپنے تعزیتی پیام میں کہا کہ

آہ۔۔۔ جناب اسلم فرشوی صاحب۔۔۔ ہم اس وقت سے جانتے ہیں جب ہم جماعت نہم میں تھے اس وقت چھوٹی چھوٹی باتوں کی دھوم تھی ان دنوں میڈیا عام نہ تھا صرف اخبار اور ریڈیو کی دھوم اور ریڈیو کے زریعہ آپ نے اپنا سکہ جما رکھا تھا ان دنوں چھوٹی چھوٹی باتوں کے زریعہ ' کرنٹ عنوان پر ڈرامے پیش کر کے اس وقت کے حالات پر

تعزیتی پیام/۔۔۔۔۔ اور سبھی لوٹ جائیں گے ایک ایک کر کے اپنی آخری آرامگاہ کی جانب، اردو دنیائے ادب کا بڑا نقصان، مشہور ومعروف اردو زبان وادب اور نامور شاعر و ای ٹی وی اردو کے سابق ڈائریکٹر اسلم فرشوری صاحب اپنے محبوب حقیقی سے جاملے، اللہ سبحانہ وتعالیٰ مغفرت فرمائے آمین۔ آہ! اناللہ وانا الیہ راجعون

اسلم فرشوری صاحب ہمارے درمیان نہیں رہے اپنے محبوب حقیقی سے جاملے، اللہ سبحانہ وتعالیٰ مغفرت فرمائے آمین۔

طنز کیا جاتا جو اہمیت کا حامل ہوا کرتا جس سے لوگ لطف لیتے اس میں فاطمہ بی کا اہم رول ہوا کرتا۔۔الغرض ریڈیو ٹی وی اور شاعری پھر ناظم مشاعرہ کے طور پر آپ نے جو خدمات اردو اور ادب کی انجام دی اہمیت کی حامل ہے۔۔۔اللہ مرحوم کی مغفرت فرمائے اور ان کے درجات کو بلند کرے۔۔۔آمین

اور اسطرح سے اسلم فرشوری صاحب اردو دنیا کو الوداع کہہ گیے اور آج اردو دنیا کے سبھی محبان اردو جیسے بہت زیادہ افسردہ ہیں کہ اس نے نامور شاعر و ادیب صحافی ناظم مشاعرہ اور ای ٹی وی اردو کو اردو دنیائے ادب کے لیے بیمثال خدمات انجام دینے میں کامیاب ہوئے اور انکے خدمات کو اردو دنیا کبھی بھولا نہیں پائے گی اور ڈاکٹر مختار احمد فردین اپنے استاد اسلم فرشوری صاحب کے اسطرح اپنے آخری آرامگاہ کی جانب لوٹ جانے پر کہتے ہیں کہ اردو دنیائے ادب کا بڑا خسارہ ہے اور محبت کرنے والا اردو دوست ہمیشہ کے لیے ہم سبھوں کو الوداع کہہ گیے ساتھ یادیں چھوڑ گیے اور انکے خدمات کو ہم مدتوں بھی بھلا نہیں پائیں گے، ایک قطعہ اپنے استاد اسلم فرشوری صاحب مرحوم کے نام

اردو ادب کا مرد قلندر چلا گیا
ارباب زندگی کا تھا پیکر چلا گیا
اسلم تھا نام جسکا وہ اردو کا پاسبان
بحر ادب کا تھا جو شناور چلا گیا

محترم اسلم فرشوری وزیراعلیٰ تلنگانہ کے چندر شیکھر راؤ سے ایوارڈ حاصل کرتے ہوئے۔

محترم اسلم فرشوری وزیر داخلہ تلنگانہ محمود علی سے ایوارڈ حاصل کرتے ہوئے۔

محترم اسلم فرشوری نامور شعراء کرام پروفیسر مظفر علی شہ میری، محسن جلگانوی، زاہد ہریانوی، ڈاکٹر صادق وغیرہ کے ساتھ

فرحان اشہر بن پروفیسر انور معظم، نقیب ملت رکن پارلیمنٹ
بیرسٹر اسد الدین اویسی صاحب کے ساتھ اسلم فرشوری

پروفیسر انور معظم، نور الہدیٰ آفیسر، اسلم فرشوری، زاہد ہریانوی و دیگر

محترم اسلم فرشوری کو زیر انتظام شبلی انٹرنیشنل ایجوکیشنل ٹرسٹ کے عالمی سمینار ہفت لسانی، ذات رسول وصفات رسول میں ان کی ادبی وشعری خدمات پر استاذ الاساتذہ حضرت رحمٰن جامی، معروف ادیب ڈاکٹر مختار احمد فردین ایوارڈ سے نوازتے ہوئے۔